Martha Bülow

Tattoogeschichten

von Martha

novum premium

Bibliografische Information
der Deutschen Nationalbibliothek:

Die Deutsche Nationalbibliothek
verzeichnet diese Publikation in
der Deutschen Nationalbibliografie.
Detaillierte bibliografische Daten
sind im Internet über
http://www.d-nb.de abrufbar.

Gedruckt in der Europäischen Union
auf umweltfreundlichem, chlor- und
säurefrei gebleichtem Papier.

ISBN 978-3-99130-206-3
Lektorat: Lucas Drebenstedt
Umschlagfoto: Tanja Drewes
Umschlagabbildungen: Cajoer,
Maxym022 | Dreamstime.com
Innenabbildungen: Tanja Drewes
Umschlaggestaltung, Layout & Satz:
novum Verlag

www.novumverlag.com

Climate neutral
Print product
ClimatePartner.com/16547-2201-1002

Der Schmetterling mit Stein

Er symbolisiert mein Leben, weil ich mich mittlerweile wie ein Schmetterling sehe, der leicht und glücklich durch das Leben fliegen könnte, wenn er nicht an einen schweren Stein gebunden wäre. Der Stein ist schon auf den ersten Blick viel zu schwer für ihn und er könnte eigentlich gleich aufgeben.
Er fühlt sich oft allein mit der ganzen Last!

Er fühlt sich oft erschöpft vom ganzen Leben!
Er fühlt sich oft so müde von der ganzen Verantwortung!
Er weiß, dass er sich niemals ganz von dem Stein befreien kann, aber er schafft es immer wieder, ihn in Bewegung zu setzen.
Der Stein ist der Stein der Vergangenheit!
Der Stein ist der Stein der grausamen Kindheit!
Der Stein ist der Stein der Lügen und Täuschungen!
Nach dem jahrelangen sexuellen und seelischen Missbrauch werde ich mich nie so ganz von dem Stein befreien können, da sich diese Kindheit tief in mein Herz gefressen hat.
Wenn dir jahrelang eingehämmert wird, dass du wertlos bist und dich eh niemand haben will, macht dies etwas mit dir.
Wenn dein Körper jahrelang nicht dir gehört, sondern dem Täter, macht dies was mit dir.
Wenn du jahrelang niemanden vertrauen kannst, weil der Täter dein gesamtes Umfeld manipuliert, macht dies was mit dir.
Kindesmissbrauch ist Mord an der Seele!
Und genau so ist es auch!

Die Seele stirbt bei jedem sexuellen Übergriff ein bisschen mehr.
Jedes Mal, wenn dein Körper zur sexuellen Befriedigung benutzt wird und dir niemand helfen kann, gibt sie wieder ein Stück auf.
Jedes Mal, wenn du den Atem des Täters spürst und er dein „nein“ ignoriert, gibt sie wieder ein Stück auf.
Jedes Mal, wenn der Schmerz deinen Körper durchflutet und du denkst, dass du jetzt sterben wirst, gibt sie wieder ein Stück auf.
Jedes Mal, wenn du seine fleischigen, nach Rauch stinkenden Finger auf dir spürst, gibt sie wieder ein Stück auf.
Jedes Mal, wenn du auf einer Brücke stehst und überlegst vor den nächsten Zug zu springen, gibt sie wieder ein Stück auf.

Die Seele stirbt bei jedem emotionalen Übergriff ein bisschen mehr.
Immer wenn deine Gefühle mit Füßen getreten werden, weil die Lust des Täters alles bestimmt.

Immer wenn deine lautlosen Schreie niemand hört, weil niemand bei dir zu Hause die Gefahr sehen kann, der du täglich ausgeliefert bist.
Immer wenn er dir sagt, dass du schlecht bist und die Schuld trägst am Selbstmord deines Vaters, weil er sich umbrachte, weil du nicht lieb zu ihm warst.
Immer wenn du Angst um deinen geliebten Hund hast, weil er bei deiner „Ungehorsamkeit“ damit droht, dass es dem Tier sehr schlecht gehen könnte.
Immer wenn er dich einer Lüge bezichtigt und dich vor andern bloßstellt, indem er auf deine blühende Fantasie aufmerksam macht und alle ihm glauben.
Immer wenn du spürst, wie gut er bei anderen Menschen ankommt, wie leicht er alle um die Finger wickelt und du genau weißt, dass du gegen ihn keine Chance hast.

Die Seele stirbt jedes Mal, wenn du Angst hast, nach Hause zu kommen.
Wenn du in der Schule so lange wie möglich bleibst und freiwillig alles aufräumst, weil du auf keinen Fall nach Hause willst.
Wenn du genau weißt, dass der Täter schon lustvoll auf dich wartet, um wieder über dich herzufallen, bis er befriedigt ist und oft darüber hinaus, weil er sehr kurz danach schon wieder Lust auf dich hat.
Wenn du weißt, dass du mit ihm noch stundenlang allein sein musst, weil deine Mutter drei Jobs hat, damit ihr über die Runden kommt.
Wenn du nachts selten durchschlafen kannst, weil er sich zu dir ins Bett schleicht und du seinen ekelhaften Körper auf dir spüren musst.
Wenn du niemals entspannt duschen kannst, weil er immer mindestens einmal ins Badezimmer kommt, um dich mal kurz intim zu berühren oder auch mal mehr.
Wenn du dich noch nicht einmal kurz im Badezimmer oder in deinem Zimmer einschließen kannst, weil er schon längst alle Schlüssel versteckt hat.

Wenn du wieder einmal nicht zu deinen Freundinnen darfst, weil er schon Pläne mit dir hat.
Wenn du stundenlang keinen Atemzug machen kannst, weil du in dem verrauchten Zimmer an seiner Seite sein musst und das Nikotin deine Lungen durchströmt, dass du dich fast übergeben musst.
Wenn du Filme gucken musst, wo Kinder Sex mit Erwachsenen haben, während er sich an deinem Körper befriedigt.
Wenn er dich vor seinen Freunden als seine Prinzessin präsentiert und erzählt, wie viel Spaß ihr zusammen habt.
Wenn er seinen Freunden erlaubt dich überall zu berühren und sie dich gemeinsam missbrauchen.

Die Last des Steines wird mich immer begleiten!
Als Überlebende, als Opfer von Kindesmissbrauch, bin ich stolz, dass ich mich ins Leben zurück gekämpft habe. Aber auch wenn ich ein normales Leben führe, werde ich die Demütigungen niemals wirklich vergessen! Als ich sieben Jahre war, begann mein Alptraum! Viele Jahre konnte ich kaum eine Nacht durchschlafen, weil mein Täter meinen Körper missbrauchte.
Viele Jahre habe ich mit der Angst gelebt, dass lieben Menschen etwas „Schlimmes" passiert, wenn ich nicht funktioniere und mich seinen Gelüsten verweigere.
Viele Jahre hatte ich absolut keine Privatsphäre, weil mein Körper dem Täter gehörte. Nie werde ich sein Lachen vergessen, wenn ich ihm mutig verkündete, dass ich zur Polizei gehen werde und alles erzähle. Dann müsste er wieder ins Gefängnis! Er lachte darüber so laut und meinte: „Selbst, wenn ich tatsächlich ins Gefängnis müsste, was nie passieren wird, da ich ja nichts verbrochen habe, würde ich ganz schnell wieder rauskommen! Dann möchte ich nicht in deiner Haut stecken, weil du dann alles verlieren wirst, das du liebst." Er meinte, mein Hund würde sterben und der ganzen Familie würde es schlecht ergehen. Ich wüsste ja, wie schnell Unfälle passieren!
Die Demütigungen sind das eine Problem, das andere große Problem ist, Menschen je wieder wirklich zu vertrauen! Oberflächlich klappt es mittlerweile recht gut, aber wenn es in die

Tiefe geht und Gefühle intensiv werden, kommen die Ängste wieder hoch und die Liebe wird auf eine harte Probe gestellt. Besteht der geliebte Mensch tatsächlich meine Vertrauensproben und das Glück zieht ein, kommen die nächsten Ängste!

Verlustängste! Das Vertrauen auf Glück ist nicht vorhanden! Immer wenn ich glücklich bin, sagt mein inneres Kind: „Pass auf! Wenn du etwas Schönes in deinem Leben hast, musst du dafür bezahlen und etwas abgeben, an dem dein Herz hängt!“ Du weißt, wie das Schicksal dich aus der Bahn werfen wird, und rechnest immer mit dem Schlimmsten. Du kennst die menschlichen Abgründe! Du siehst die Lüge hinter den freundlichen Gesichtern. Du siehst, wie der freundliche Nachbar seine pädophilen Sexfantasien auslebt, und alles kann durch einen Geruch, eine Stimme, ein Gesicht, die einem der Täter ähnlich sind, ausgelöst werden. Es wirft dich augenblicklich aus der Bahn. Gerade hast du noch fröhlich mit deinen Freunden gelacht und im nächsten Augenblick bist du wie versteinert.

Versagensängste! Was habe ich in der Kindheit gelernt? Ich habe gelernt zu funktionieren! Ich habe gelernt meine Gefühle auszuschalten! Ich habe gelernt, dass meine Gefühle nicht wichtig sind, oft sogar falsch sein sollten. Ich habe gelernt, dass etwas Dramatisches passieren wird, wenn ich nicht funktioniere. Wenn ich versage, bricht alles auseinander, wie ich mich um alles kümmern muss! Weil es keine andere Person machen kann. Jede Freude, jedes Geschenk, jeder kurze glückliche Moment, hat seinen Preis, den ich zu bezahlen habe.

Das Auge

Das Auge überschattet das Kind. Der rote Ballon und das rote leicht verblasste Kleid zeigen den letzten Funken von kindlicher Unbeschwertheit, der noch übergeblieben ist. Das Mädchen verliert diese Unbeschwertheit mit dem Tod des geliebten Vaters. Hineingeboren wurde sie in eine liebevolle Umgebung und die ersten Jahre war sie glücklich und geborgen. Bis zu diesem Tag, an dem das Unfassbare passierte! Der Tag sollte der bis dahin glücklichste Tag in Marthas Leben werden. Ihr Vater seit ein paar Wochen krank gewesen und nun war er wieder so gesund, dass er zur Arbeit gehen wollte. Darum wollte er diesen letzten Tag zu Hause mit Martha verbringen und sie schon zum Mittagessen aus dem Kindergarten, wo auch ihre Mutter arbeitete, abholen. Martha war schon den ganzen Vormittag sehr aufgeregt, weil die Vierjährige noch niemals zuvor von ihrem

Vater abgeholt worden war. Sie war so aufgeregt und übermütig! Weil sie mit ihrer ganzen Power nicht so richtig umgehen konnte, geriet sie immer wieder mit Kindern aneinander. So geschah es, dass sie zum allerersten Mal richtig Ärger mit ihrer Erzieherin bekam, weil sie einem Jungen eine Ohrfeige gab und der sich natürlich gleich heulend beschweren lief. Sie versuchte sich noch in der großen Verkleidungskiste zu verstecken, aber wurde umgehend entdeckt und bekam einen Riesenärger und musste sich auch noch bei dem Blödmann entschuldigen. Aber sie durften weiter in dem Verkleidungsraum spielen! Das war cool, da sie dort ohne Erzieherinnen spielen konnten. Der Junge nahm die Entschuldigung an, aber wollte nicht mehr mitspielen. Nun war sie endlich mit ihrer besten Freundin Sabine allein. Der Schreck über den Ärger saß ihr in den Knochen und sie zitterte noch vor Anspannung. Nach einer Weile ging es wieder besser und Sabine meinte: „Komisch, dass deine Mutter gar nicht nach uns schaut." Dann spielten sie aber weiter, bis Martha plötzlich innehielt und zum großen Fenster starrte. Sie spürte einen dicken Kloß in ihrem Hals und wurde ganz unruhig. „Was ist denn mit dir?", wollte Sabine wissen. „Ich weiß nicht, ich glaube, es ist etwas Schlimmes passiert!" Martha starrte aus dem Fenster. „Wie? Was passiert? Was meinst du?" Sabine war sichtlich verwirrt. „Mein Papa, mein Papa wollte mich doch abholen!" – „Der kommt schon noch." –„Nein, nein, es ist was Schlimmes passiert!" – „Was ist nur mit dir? Es ist doch alles wie immer!" – In diesem Moment hörten sie Polizeisirenen, immer mehr. Krankenwagen, Polizeiwagen, immer lauter, immer lauter. „Mein Papa, ich will zu meinem Papa!" Da Martha mit ihrer Familie dicht beim Kindergarten wohnte, konnte sie das Blaulicht durch die Häuserreihen wahrnehmen und spürte eine nie dagewesene Angst. Sie kannte den Weg nach Hause gut und beschloss aus dem Kindergarten abzuhauen, um nach ihrem Vater zu sehen. Sie kletterte auf die große Fensterbank und versuchte vergeblich das Fenster zu öffnen. „Martha, was machst du da?", schrie Sabine aufgeregt. „Hilf mir doch, Hilf mir doch, bitte! Mein Papa, mein Papa!" Verzweifelt kauerte sie sich schließlich in die Ecke und weinte. Sabine kam das

alles sehr komisch vor und sie holte lieber die Kindergärtnerin. Diese setzte sich neben Martha und nahm sie liebevoll in den Arm. Ohne zu fragen, was los ist, sagte sie: „Es wird alles wieder gut!“ – „Nichts wird gut!“, weinte Martha weiter, „nichts wird wieder gut!“ Das Mädchen spürte ganz genau, dass sich ihr Leben gerade dramatisch verändert hatte. „Kann ich dir irgendwie helfen?“ Martha schüttelte ihren Kopf und so ging die Kindergärtnerin wieder. Sabine setzte sich zu ihr und sie schwiegen gemeinsam, bis irgendwann Hanna, die Mutter von Martha, kam. Als sie ins Zimmer kam, bat sie Sabine, schon mal in die Gruppe zu gehen, weil sie mit Martha etwas besprechen musste. Jetzt hatte auch Sabine einen dicken Kloß im Hals. Hanna hatte rot verweinte Augen und ging mit schweren Schritten auf ihre Tochter zu. Sie nahm sie auf den Arm und sagte: „Es ist etwas ganz Schlimmes passiert!“ – „Ich weiß!“, unterbrach sie Martha. „Ich weiß, Papa ist tot!“

Was war geschehen?

Georg, der Vater von Martha, hatte sich das Leben genommen! Er war längere Zeit krank zu Hause gewesen, weil er einen Selbstmordversuch unternommen hatte, bei dem er von Hannas Bruder Paul gerade noch rechtzeitig gerettet worden war. Dieser schlug spontan mit seiner schwangeren Freundin Mia bei ihm auf, weil er wusste, dass er Urlaub hatte und auf dem Bau arbeiten würde (sie bauten gerade an ihrem Eigenheim). Eigentlich wollten sie seinen Rat einholen, aber stattdessen fanden sie Georg am Balken hängend und retteten sein Leben. Nachdem er aus dem Krankenhaus zurück war, schien er langsam wieder Lebensfreude zu entwickeln. Er hatte Pläne und blickte positiv in die Zukunft. Allerdings sprach er nicht über seinen Selbstmordversuch und niemand traute sich ihn darauf anzusprechen. Damals, Anfang der siebziger Jahre, waren die Menschen noch nicht so gut über das Thema Depressionen aufgeklärt. Es war ein absolutes Tabuthema für die meisten Menschen. Daher sprach ihn niemand darauf an, weil sie hofften, dass alles von allein gut werden würde. Wie sehr sie sich irrten, wurde jetzt deutlich. Diesmal hatte er alles besser geplant, er wollte seine

Tochter aus dem Kindergarten abholen! Das hatte er noch nie gemacht! Er hatte den Nachmittag mit seiner Tochter verplant und schmiedete mit ihr Pläne. Er war fröhlich. Die Tage zuvor hatten sie so entspannt und glücklich wie selten zuvor verbracht. Wahrscheinlich wollte er so einen Überraschungsbesuch verhindern, der ihm eventuell nochmal sein Leben retten würde. Aber das sind nur Vermutungen, auf die wir niemals eine Antwort bekommen würden.

Das Leben ohne Papa!

Als Hanna und Martha nach Hause kommen, fahren Paul, Oma und Mia gerade auf den Hof. Mia nimmt Martha auf den Arm und meint lächelnd zu ihr: „Komm, wir gehen zu Rex."
Rex ist ihr Schäferhund, den Martha abgöttisch liebt. Oma nimmt Hanna fest in den Arm: „Der Herr allein weiß den Sinn von allem." Alle sind sichtlich betroffen und sprachlos. Sie gehen zusammen ins Haus. „Wo hat er sich denn erhängt?", fragt Paul zaghaft. „Auf dem Dachboden im neuen Haus", kann Hanna gerade noch antworten, bevor sie unter Tränen zusammenbricht. Der Notarzt hatte ihr zwar Beruhigungsmittel verabreicht, aber sie zeigten im Anbetracht dieser Tragödie nur geringe Wirkung. Die Tage vergingen gedrückt langsam. Sie hatten jede Freude verloren. Mit Oma, Mia und Paul fühlte Martha wenigstens noch einen Hauch von Geborgenheit. Sie spielten mit Martha und kümmerten sich um den Haushalt, um Rex und die Mahlzeiten. Aber natürlich mussten sie irgendwann auch wieder in ihren Alltag zurück und die beiden waren allein. Irgendwann hatte sich ihr Alltag halbwegs eingespielt, aber der Schleier der Traurigkeit hing schmerzhaft über den beiden. Abend für Abend stand Martha am Fenster und wartete auf die Wolke, die sie und ihre Mutter hinauf zum geliebten Vater bringen sollte. Ihre Mutter brachte sie von dort aus ins Bett und kuschelte mit ihr, bis sie eingeschlafen war. Wenn sie am Morgen ihre Augen aufschlug, lag Hanna neben ihr, bis der Wecker beide in

den Tag drängte. So war es immer, bis zu dieser einen Nacht! Wie gewohnt war Martha in Hannas Armen eingeschlafen, aber als sie dieses Mal aufwachte, war es stockfinster und gespenstisch still. Vorsichtig tastete sie neben sich das Kissen ab. „Mama!“, flüsterte sie. „Mama!“ Sie rief lauter und lauter, bis ins panische Schreien. „Mama, Mama!“ Niemand antwortete. Es war totenstill! Martha konnte ihr Herz pochen hören, so still war es im Haus. Wo ist Mama? Angst stieg in ihr hoch. Wenn ihr jetzt auch was Schlimmes passiert war! Dann war sie allein! Vorsichtig stieg sie aus dem großen Bett auf und knipste das Licht an. Sie öffnete die Schlafzimmertür und blinzelte in den ebenso dunklen Flur. Zitternd ging sie Schritt für Schritt weiter bis zur Haustür, legte sachte ihre Hand auf die Türklinke und drückte sie runter, um sie aufzuziehen. Aber die Tür ließ sich nicht öffnen. Sie drückte und zog nach Leibeskräften, aber sie blieb verschlossen. Links neben der Tür ging es in die Küche, das Kind ging rein, schaltete das Licht an und entdeckte ein großes Fenster, das auf Kippe stand. Von draußen waren Geräusche zu hören. Ein Klopfen, Hämmern und leise Stimmen. Martha zog sich einen Stuhl zum Fenster, kletterte hinauf und versuchte dieses Fenster, das dreimal so groß war wie sie selbst, irgendwie aufzubekommen. Nach einer gefühlten Ewigkeit war es endlich offen und sie sprang mutig von der Fensterbank in die Dunkelheit. Einen Moment verharrte sie vor dem Fenster, bevor sie sich langsam die Stufen runtertastete, immer das Geländer fest umklammert. Langsam gewöhnten sich ihre Augen an die Finsternis und sie sah das neue Haus, das sich ja auf demselben Grundstück befand und schon sein Richtfest gefeiert hatte. Es war von innen hell erleuchtet und bot den einzigen Lichtpunkt weit und breit. Schritt für Schritt näherte sie sich dem Eingang. Rex bellte aus seinem Zwinger, der von der Dunkelheit verschlungen schien. Zitternd setzte Martha einen Fuß auf die erste Stufe, die zweite und die dritte, dann endlich die letzte. Plötzlich spürte sie den Ärger, der gleich folgen würde. Die Tür war verschlossen. „Mama! Mama“, rief sie, so laut sie konnte. Nichts! „Mama!“ Jetzt entdeckte sie die Klingel. Sie klingelte Sturm! Jemand drückte den Türsummer. Martha

stemmte sich gegen die schwere Tür und gelang endlich ins Haus. Das Treppenhaus schien riesig, mit seiner Betontreppe noch ohne Geländer. „Mama! Mama! Martha!“, rief Marta und guckte von ganz oben runter. „Ich komme.“ Erleichterung! Hanna rannte die erste Etage runter, wurde dort von Papas Schwester abgefangen. „Mach weiter, ich bringe sie schnell wieder ins Bett.“ Mit lauten Schritten stampfte sie die Treppe runter und zog Martha wutschnaubend hinter sich her, steckte sie wieder ins Bett und ließ sie im dunklen Haus allein zurück. Von nun an folgten viele solcher Nächte. Nur dass Martha nicht mehr nachts aus dem Fenster kletterte, sondern Nacht für Nacht im verschlossenen Haus regungslos im Bett lag und darauf wartete, endlich von ihrem Vater geholt zu werden, um auf einer Wolke in den Himmel zu fliegen. Denn sie gab sich die Schuld für seinen Tod! Sie dachte, es sei ihre Strafe, weil sie den Jungen im Kindergarten geärgert hatte und ihr deswegen der Papa weggenommen worden war. Davon war sie überzeugt! Sie beschloss, nie wieder in ihrem Leben böse zu sein!

Der Einzug ins neue Haus

Irgendwann war das neue Haus fertig und so kam der Tag, dass Hanna und Martha aus dem alten Haus auszogen. Eigentlich sollten sie die große Wohnung im Erdgeschoss beziehen, aber nach Georgs Tod brauchten sie ja nicht mehr so viel Platz. Daher beschloss die Familie von ihm, dass den beiden die Zweizimmerwohnung unterm Dach ausreichte. Nur Hannas Bruder Paul hielt das für eine ziemlich schlechte Idee! Er war eh kaum noch da. Seit Hanna die vielen Tabletten vom Arzt bekam, war sie ja meistens gut gelaunt und lachte sogar viel. Das Dachgeschoss bestand je zur Hälfte aus dem Wäscheboden und der Wohnung. Die Wohnung war sehr klein und die Zimmer wiesen nur das Allernötigste auf. Zwei Betten und ein großer Kleiderschrank füllten das Schlafzimmer aus und im Wohnzimmer standen ein gemütliches Sofa, eine Kommode, ein kleiner

Couchtisch, ein Fernsehtisch mit Fernseher und ein Esstisch mit vier Stühlen. In der Küche konnte man sich einmal um sich selbst drehen, mehr Platz bot sie nicht. Im Badezimmer war es nicht viel anders. Die Dachschrägen ließen die Zimmer noch kleiner wirken. Mama richtete eine kleine Spielecke im Wohnzimmer ein, dafür hatte sie einen kleinen Teppich und eine kleine Holztruhe besorgt, wo alle Spielsachen reinpassten. Martha guckte sich die Wohnung verhalten an und spürte einen kalten Luftzug im Nacken. „Was ist denn hinter dieser Tür?“ Sie zeigte auf den Wäscheboden. „Da darfst du niemals hingehen! Verstanden?“ Hanna kniete sich vor Martha und schüttelte sie heftig. „Versprich mir, dass du niemals durch diese Tür gehst! Okay?“ Das Kind konnte die Panik der Mutter spüren und drückte sich ganz fest an sie. Die erste Nacht in der neuen Wohnung war gut. Durch das Dachfenster, unter dem Marthas Bett stand, konnte sie in den Sternenhimmel schauen und fühlte sich ihrem Vater ganz nah. Von nun an sprachen die beiden jede Nacht zu den Sternen, weil der Papa ja auf einem von denen saß und auf sie aufpasste. Die nächste Zeit verlief ganz gut, der Alltag brachte etwas Sicherheit, nur Paul und Mia kamen kaum noch. Martha vermisste beide sehr. Nur, dass sie kaum noch zu Rex durfte, weil alle Angst vor ihm hatten, machte Martha zu schaffen, denn sie liebte den Hund sosehr. Ab und zu konnte sie ihn durch den Maschendrahtzaun des Zwingers streicheln, aber dabei konnte sie die Traurigkeit des Hundes so deutlich spüren, dass ihr Herz jedes Mal so wehtat. Warum hatte Papa sie nur hier zurückgelassen? Warum hatte Mama so große Angst vor dem Dachboden? Martha nahm sich vor, mal heimlich nachzuschauen, ohne dass Mama etwas davon mitbekam. Die Abende waren gemütlich, nur nachts konnte Hanna oft nicht schlafen, weil sie vom Wäscheboden laute Stimmen und Schreie hörte. Martha konnte sie, selbst mit größter Anstrengung, nicht hören. Darum schlug sie vor: „Lass uns doch mal nachschauen, Mama.“ – „Nein“, schrie ihre Mutter. „Das dürfen wir nie machen!“ Heute war Samstag, da ging der Kindergarten nur bis mittags, also eine gute Gelegenheit, sich auf dem Dachboden mal umzuschauen, beschloss

Martha. Beim Frühstück verkündigte Mama eine große Überraschung für den Nachmittag. Der Vormittag schlich vor sich hin, aber dann ging es endlich nach Hause und als sie sich ihrem Haus näherten, sah Martha die Überraschung schon vom weitem. Oma, Mia und Paul waren zu Besuch! „Juhu!" Sie stürmte auf sie zu und sprang Paul auf den Arm, der wirbelte sie durch die Luft und dann nahmen sich alle in die Arme. Doch da war ja noch jemand! Das Baby war da! Oh, wie sich Martha freute! So klein und süß war es! „Das ist Hannes!", verkündigte Paul voller Stolz. Was für eine Freude! „Kommt, wir gehen alle nach oben, dann können wir ihn alle mal auf den Arm nehmen", meinte Oma. „Können wir vorher zu Rex gehen?", bettelte Martha Paul an. „Na klar doch, wir gehen zu Rex." Endlich konnte Martha ihren Hund mal wieder richtig in den Arm nehmen. Beim Schmusen mit dem Hund erzählte sie Paul von dem Wäscheboden, dass Mama immer Stimmen hörte, aber dass sie diese Stimmen nicht hörte. Und auch davon, dass Mama immer nachts weinte. Es tat ihr gut, sich alles mal von der kleinen Seele zu reden. Unterdessen hatte Hanna Kaffee gekocht und Oma war sichtlich bestürzt, dass die beiden in dieser Wohnung leben. „Kind, wie kannst du hier oben wohnen?" Mia nahm Hannes hoch und gab ihn Hanna auf den Arm, die so tat, als ob sie Omas Frage nicht gehört hatte. Aber diese ließ nicht locker und unternahm einen zweiten Anlauf. „Hier neben dem Wäscheboden, wo Georg gestorben ist. Hier, wo er sich erhängt hat." Hanna drückte Hannes an sich und versuchte ihre Tränen zu verbergen, aber es gelang ihr nicht. Die Tränen liefen wie ein Wasserfall über ihre Wangen und sie zitterte am ganzen Körper. Oma nahm Hanna fest in den Arm. Wir holen euch hier weg! Als Paul und Hanna nach oben gingen, fragte Paul: „Wollen wir uns heimlich auf den Wäscheboden schleichen und nachsehen, was da los ist?" Ja, das wollten sie! Martha schaute sich ganz gründlich um, sie vergaß dabei nicht eine Ecke. Paul kniete sich zu ihr runter und fragte: „Kannst du irgendwas Schlimmes entdecken? Nein, hier ist absolut nichts Schlimmes!", freute sich Martha. Zum Glück wusste sie nicht, dass ihr Papa sich hier erhängt hatte.

Was war geschehen?

Das neue Haus bauten Hanna und Georg nicht allein, sondern mit seinen Geschwistern zusammen. Er und seine Schwester wollten dort mit ihren Familien einziehen und der kleine Bruder bekam das alte Haus, indem sie bis dahin zusammen mit ihm gewohnt hatten. Die Schwester lebte mit ihrer Familie in einer Mietwohnung in der unmittelbaren Nähe. Durch Georgs Tod brach dieser Plan auseinander, da das Haus verschuldet war und Hanna niemals allein ihren Anteil der Kosten tragen könnte. Das war der Familie sofort klar, daher sollte sie erst gar nicht in die große Erdgeschosswohnung einziehen. Leider bedachten sie nicht die emotionale Seite, als sie beschlossen, sie auf dem Dachboden unterzubringen, auf dem sich Georg das Leben genommen hatte. Georg war augenscheinlich ohne Grund aus dem Leben geschieden und hatte auch keinen Abschiedsbrief hinterlassen, daher tappten alle im Dunkeln, warum er sich zu diesem schrecklichen Schritt entschlossen hatte. Hanna war voller Schuldgefühle deswegen! Sie machte sich große Vorwürfe, weil sie seinen Tod nicht hatte verhindern können. Warum hatte sie seine Gedanken an den Tod nicht vertreiben können? Warum hatte sie nichts bemerkt? Warum hatte sie nicht mit ihm über den Selbstmordversuch gesprochen? Warum hatten die Ärzte ihm nicht helfen können? Durch diese Schuldgefühle und durch die ständige Nähe zum Tatort wurde alles noch schlimmer. Die Stimmen und Schreie waren für sie real, weil sie den Tod dort dauernd vor Augen hatte und Georgs stummen Schreien so eine Stimme gab. Damals konnte man mit der Krankheit Depression noch nicht so viel anfangen, weil es diesbezüglich noch keine Aufklärung gab. Ein Selbstmord brachte damals eine große Schande über die Familie und man schämte sich für den Verstorbenen. Hannas Familie erkannte die Situation richtig. Um wieder einigermaßen über Georgs Tod hinwegzukommen, mussten die beiden aus diesem Haus ausziehen. Sie suchten eine Wohnung bei Hannas Familie in der Nähe und fanden tatsächlich eine schöne Zweizimmerwohnung bei Paul und Mia um die Ecke. Das bedeutete einen vollkommenen Neuanfang in einer anderen Stadt und auch einen Jobwechsel für Hanna.

Der Umzug

Jetzt war es so weit, der Umzug stand unmittelbar bevor. Hanna und Martha freuten sich sehr, allerdings gab es ein sehr trauriges Ereignis diesbezüglich. Rex konnten sie nicht mitnehmen! Das machte vor allem Martha sehr traurig! Aber wenigstens hatten sie ein schönes Zuhause für Rex gefunden, wo er nicht mehr im Zwinger leben musste und auch noch einen anderen Hund an seine Seite bekam. Eine Kollegin von Hanna nahm ihn bei sich auf. Sie hatten ein großes Grundstück und Martha durfte ihn immer besuchen, wenn sie mochte. Hanna wollte sich extra dafür ein Auto kaufen. Auch wenn Rex es sehr schön haben würde, brach es Martha das Herz, wie sie ihm mit seiner neuen Familie wegfahren sah. Martha fühlte sich nochmal verlassen und allein. Endlich kam der Umzugswagen und das neue Leben konnte beginnen. Die beiden richteten sich ihr neues Heim gemütlich ein. Martha hatte ein eigenes Zimmer, ganz für sich allein. Hanna hatte ein Schrankbett im Wohnzimmer, was beide am Anfang lustig fanden, wenn das Bett im Schrank verschwand. Sie wohnten im Erdgeschoss und hatten sogar einen Balkon, von dem aus sie auf eine große Wiese blickten. Hanna kaufte sich ein Auto, einen knallgrünen Renault 4, den sie zusammen mit Paul abholte. Hanna kam mit der Schaltung erst einmal gar nicht klar und alle hatten viel zu lachen und eine lustige Rückfahrt. Es wurden viele Pausen gemacht, in denen Paul seiner großen Schwester immer wieder die Tücken des Autos erklärte. Zu Hause angekommen, meinte Paul: „Ich denke mein Schwesterchen benötigt dringend Fahrpraxis. Da morgen Samstag ist, könnten wir doch alle zusammen mal den Rex besuchen." – „Super!" Martha war überglücklich! An diesem Samstag war sie schon ganz früh wach und kochte für ihre Mutter Kaffee und holte vom Kiosk an der Ecke leckere Brötchen. Oma kam zum Mittagessen und dann ging es endlich los. Oma fuhr bei Mama mit und Martha bei Mia, Hannes und Paul. Es wurden viele kleine Pausen eingeplant, bei denen es immer ein kleines Picknick gab. Dann waren sie endlich da! Sie fuhren auf ein wunderschönes großes Grundstück

und Martha entdeckte sofort ihren geliebten Rex. Der Hund entdeckte sie auch und lief ihr entgegen. Sie verbrachten einen sehr schönen Tag dort und als sie wieder nach Hause fuhren, war Martha nicht mehr wegen Rex traurig, weil sie jetzt wusste, wie gut es ihm dort ging. Die nächsten Wochen und Monate vergingen überwiegend glücklich! Hanna begann eine Umschulung zur Erzieherin, die sie auf andere Gedanken brachte und die ihr richtig Spaß machte. Martha brauchte nicht mehr in einen neuen Kindergarten, weil sie bald in die Schule kommen würde, sondern wurde zusammen mit ihrer Cousine von Oma betreut. Abends brachte Oma sie nach Hause und sie aßen noch zusammen Abendbrot. Eigentlich war es Mittagessen, weil sie immer erst am Abend kochten. Dies war eine Zeit der Geborgenheit und Freude! Nach dem Essen ging Oma nach Hause und Hanna spielte noch etwas mit Martha. Wenn sie ihre Tochter dann ins Bett gebracht hatte, lernte sie für die Schule. Dann schlief sie meistens über ihren Büchern ein und Martha weckte sie irgendwann in der Nacht, weil sie nachts immer wach wurde. Sonntags fuhren sie immer zum Friedhof und stellten Papa neue Blumen auf sein Grab.

Mama hört Stimmen

Aber die schöne Zeit hatte auch ihre Schattenseiten, die schleichend, langsam immer mehr an Bedeutung zunahmen! Eines Abends, als Martha wieder einmal wach wurde, fand sie ihre Mutter nicht wie üblich über ihren Büchern schlafend, sondern an der Wohnungstür stehend mit einem Messer in der Hand. „Mama! Was machst du da?“ – „Geh schnell wieder ins Bett! Da ist jemand im Keller!“, rief sie voller Panik. „Wer ist denn da?“ Martha verstand nichts mehr. „Ich weiß es nicht genau, aber ich glaube ein böser Mann.“ – „Was können wir machen? Meinst du er will zu uns?“ – „Hörst du denn nicht das Klopfen?“, fragte Mama. „Nein, ich kann gar nichts hören“, erwiderte das Mädchen ängstlich. „Da ist es wieder! Ganz laut!

Hörst du es, Martha?“ Aber Martha hörte nichts. „Soll ich Onkel Paul anrufen? Der könnte nachschauen kommen?!“ – „Ja, mein Schatz, mach das bitte. Ich passe hier so lange an der Tür auf, dass niemand reinkommt.“ Martha nickte ihrer Mutter zu und nahm den Hörer in die Hand. Beim Wählen zitterten ihre Hände so sehr, dass sie dreimal von vorne anfangen musste, obwohl sie die Nummer auswendig konnte. Endlich klingelte es. Natürlich dauerte es etwas, bis Paul den Hörer abnahm, es war ja schließlich schon Mitternacht. „Hallo?!“, meldete er sich endlich. „Hallo Paul, ich bin es, kannst du schnell vorbeikommen? Mama steht mit einem Messer an der Tür, weil im Keller ein böser Mann ist, der uns holen will.“ – „Martha, bist du das? Klar, ich komme sofort! Keine Angst mehr, ich bin gleich da.“ So schnell war Paul noch nie aus dem Schlafanzug in seine Klamotten gelangt. Er machte sich große Sorgen um seine Schwester. „Was ist denn los?“, schlaftrunken setzte sich Mia im Bett auf und warf die Bettdecke zur Seite. „Bleib liegen! Ich husche nur schnell zu Hanna rüber, sie scheint wieder Angstattacken zu haben.“ – „Soll ich nicht lieber mitkommen?“ – „Nein, schlaf weiter! Hannes kann doch nicht allein bleiben. Ich bin bestimmt gleich zurück.“ Bei den beiden angekommen klingelte er Sturm. Martha blickte aus dem Küchenfenster, von dem sie den Eingang gut einsehen konnte. Paul winkte ihr zu. „Es ist Onkel Paul!“, rief sie erleichtert. Hanna drückte auf den Türsummer und schloss zaghaft die Tür auf. „Paul!“ Die Erleichterung war ihr deutlich anzumerken. Nachdem er seine Schwester kurz fest in den Arm genommen hatte, wandte er sich Martha zu, nahm sie auf den Arm und brachte sie ins Bett. „Mach dir keine Sorgen mehr, ich kümmere mich um alles.“ – „Und der Mann im Keller? Was will der von uns?“ – „Da ist niemand im Keller. Ich werde aber trotzdem mit deiner Mutter nachsehen.“ Nachdem er mit Hanna im Keller war, setzten sie sich ins Wohnzimmer und Hanna fing bitterlich an zu weinen. „Ich weiß nicht, was mit mir los ist, ich habe das Hämmern so deutlich gehört und war mir sicher, dass er mich holen wollte.“ – „Nimmst du immer noch diese Beruhigungstabletten?“ – „Ja, und abends Schlaftabletten und morgens welche

zum Munterwerden." – „Ich glaube, du brauchst dringend Hilfe, um Georgs Tod zu verarbeiten und deine Tablettensucht in den Griff zu bekommen." Hanna wusste, dass ihr Bruder recht hatte. Martha hatte alles von ihrem Zimmer aus mit angehört und kam ins Wohnzimmer gelaufen. Sie sprang ihrer Mutter auf den Schoß und schmiegte sich fest an sie. „Mama, bist du krank?" – „Ja, mein Schatz, das bin ich, aber ich verspreche dir, dass ich ganz schnell wieder gesund werde." – „Okay." Martha wischte sich eine Träne weg. „Und du wirst bestimmt nicht sterben?" – „Ganz bestimmt nicht! Ich werde wieder gesund!" Am nächsten Tag blieb Hanna zu Hause und ging zum Arzt, der sie für ein paar Wochen stationär ins Krankenhaus einwies.

Was war geschehen?

Hanna hatte nach dem Selbstmord ihres Mannes viel zu bewältigen. Es blieb nicht viel Zeit zum Trauern, da sie sich um ihre Tochter, um das neue Haus und ihren Job kümmern musste. Hanna musste funktionieren und ihre Aufgaben bewältigen. Sie musste Stärke zeigen! Mit der Familie ihres Mannes wurden die finanziellen Dinge geklärt und sie gab mit den ganzen Verpflichtungen auch den Lebenstraum ihres geliebten Mannes ab. Sie musste die Vergangenheit verarbeiten, um wieder Kraft und Zuversicht für ihre Tochter zu bekommen. Eine gewisse Zeit funktionierten die Tabletten, aber jetzt kamen die Nebenwirkungen immer mehr zum Vorschein. Die Halluzinationen machten ihr zu schaffen! Sie sah bedrohliche Gestalten, die ihr und Martha nach dem Leben trachteten. Sie fühlte diese Ängste so real! Außerdem gab sie sich die Schuld an Georgs Selbstmord, weil ihre Liebe nicht reichte, um seine Traurigkeit zu überwinden. Martha wiederum gab sich ebenso die Schuld am Tod ihres Vaters, weil sie an seinem Todestag das erste Mal richtig böse im Kindergarten gewesen war und glaubte, dass er ihr deswegen weggenommen worden war. Leider traute sie sich nicht, darüber zu sprechen, da sie überzeugt davon war, dass sie dann alle hassen würden und sie keiner mehr liebhaben würde. Dann wäre sie allein gewesen. Irgendwann war Hanna wieder zu Hause und war richtig gut drauf und motiviert ihre Ausbildung

zu beenden. Sie ging wieder zur Schule, strahlte Lebensfreude und unbändige Kraft aus. Zwar schlief sie nach wie vor in der Nacht über ihren Büchern ein, aber sie verspürte keine Angst mehr und nahm keine Tabletten mehr.

Die Marionette

Der neue Mann

Nachdem sich Hanna recht gut erholt hatte, ging es auch Martha wieder richtig gut. Lachen und Fröhlichkeit kehrten langsam zurück.
Manchmal schrieb Hanna Briefe in der Nacht, die sie vor Martha versuchte zu verbergen, aber es klappte nicht so richtig. Auch

die heimlichen Telefonate bekam Martha mit, sagte aber diesbezüglich nichts. Sie hatte ein komisches Gefühl, wenn Mama telefonierte, weil sie spürte, dass es auch oft um sie ging. Sie hörte ihre Mutter fröhlich lachen und das gefiel ihr, darum versuchte sie das schlechte Gefühl zu vergessen. Eines Sonntags war es dann so weit und Martha wurde von ihrer Mutter ins Wohnzimmer gerufen. „Martha, ich möchte dir etwas erzählen. Du weißt ja, wie lieb ich den Papa habe und das wird auch immer so bleiben! Aber das Leben müssen wir jetzt ohne ihn meistern! Ich habe jemanden kennengelernt und bin ein bisschen in ihn verliebt." Martha schaute sie mit großen Augen an und verstand nicht richtig, was ihre Mutter ihr sagen wollte. Ein mulmiges Gefühl durchströmte sie, ohne zu wissen, warum. Hanna blieb dies nicht verborgen, sie versuchte sich nochmal zu erklären: „Du brauchst keine Angst zu haben, wir lernen ihn erstmal kennen, um zu sehen, ob er überhaupt zu uns passt." Sie raufte sich nervös ihr schulterlanges Haar und schaute in die großen braunen Augen ihrer Tochter. „Ich will keinen neuen Papa!", flüsterte Martha zaghaft. „Deinen Papa kann und wird niemand ersetzen!" Liebevoll zog sie die Kleine auf den Schoß. „Guck mal, Onkel Paul magst du doch auch so gerne und er ist ja nicht dein Papa." Martha entspannte sich langsam, denn Onkel Paul mochte sie ja richtig gern und noch so einen Onkel konnte sie sich gut vorstellen. Da es jetzt an der Tür schellte, war das Thema „Neuer" erstmal erledigt. Am kommenden Samstagmorgen war es aber wieder präsent. Hanna zeigte ein Foto von einem Mann und meinte: „Was würdest du davon halten, wenn er heute mal kurz zum Kaffeetrinken zu uns kommen würde?" Davon hielt Martha ganz und gar nichts, aber das mochte sie ihrer Mutter nicht sagen. Diese war in letzter Zeit so gut gelaunt und glücklich. Das sollte doch so bleiben! Also lächelte sie und meinte: „Warum nicht, aber nur zum Kaffeetrinken, bitte."

„Super, dann holen wir ihn nach dem Mittagessen ab." Hanna strahlte über beide Ohren. „Warum müssen wir ihn denn abholen? Kann er nicht allein kommen?" – „Er hat kein Auto und wohnt in einem Heim, wo er nicht so gut allein wegkommt." Hanna wich dem Blick ihrer Tochter aus und ging in die Küche.

Martha wollte noch viel mehr wissen, aber traute sich nicht mehr weiterzufragen. Diesen Sonntag kam Oma mal nicht zum Mittagessen und Hanna kochte Nudeln mit Tomatensoße. Marthas Leibgericht. Nach dem Essen deckten sie gemeinsam den Kaffeetisch und machten sich auf den Weg.
Die Fahrt war irgendwie komisch, Hanna schien sehr nervös zu sein und schaltete das Radio an und beide lauschten stumm der Musik. „Wir sind jetzt fast da, mein Schatz." Schwungvoll bog das Auto in die kleine Straße ein, an dessen Ende ein großes graues Gebäude hinter einem riesigen, hohen Zaun zum Vorschein kam. „Ist das dieses Heim, wo er wohnt?", fragte Martha neugierig. Sie parkten ein und stiegen aus. Jetzt konnte man riesige Laternenmasten erkennen, auf denen große Strahler und Kameras befestigt waren. „Was ist das für ein Heim? Das macht mir irgendwie Angst." Martha klammerte sich an ihre Mutter und wäre jetzt lieber zu Hause gewesen. Sie gingen langsam auf ein Gebäude zu, das unmittelbar vor dem ganz großen Haus stand. In diesem kleinen Haus standen zwei Männer, die wie Polizisten aussahen. Einer der beiden drückte auf einen Knopf und die Tür öffnete sich. Hanna sagte, wen sie abholen wollte, und zeigte ihren Personalausweis. Einer der Männer nahm ihn und ging kurz weg. Hanna und Martha blieben bei dem anderen Mann, der sie lieb anlächelte und zu Hanna gewandt fragte, ob sie sich das auch gut überlegt hat. Hanna nickte bestimmt. Der andere Mann kam mit dem Ausweis zurück, gab ihn Hanna und sagte: „Geht gleich los, er ist auf dem Weg." Alle Türen schienen sehr schwer zu sein und ließen sich erst öffnen, wenn jemand den Türsummer drückte. Martha versuchte sich vorzustellen, warum ein erwachsener Mann in so einem Heim lebte, das auch noch so stark bewacht wurde. Die beiden Männer wirkten sehr nett und lächelten Martha freundlich an. In diesem Moment summte es laut und die Tür öffnete sich. Da kam der Mann, mit dem sie Kaffee trinken wollen, der Mann, mit dem Mama immer so fröhlich telefonierte, der Mann, in den Mama sich verliebt hatte. Er kam auf sie zu und gab Hanna einen flüchtigen Kuss auf die Wange und wandte sich an Martha, indem er ihr die Hand entgegenstreckte und sagte: „Hallo, ich

bin Herbert." Er war ungefähr so groß wie ihr Vater, trug eine Jeans und ein kariertes Hemd. Er lächelte freundlich. Martha musterte ihn eindringlich und brachte kein Wort hinaus, bis sie leicht von ihrer Mutter angestupst wurde. Dann legte sie ihre beiden Hände auf die Schultern ihrer Tochter und sagte: „Das ist Martha." – „Sie können jetzt gehen", sagte einer der Männer. „Um 18.00 Uhr muss er wieder hier sein." – „Geht klar", lachte Herbert. „Ich werde pünktlich sein." Die Fahrt nach Hause verlief etwas angespannt, die Unterhaltung stockte immer wieder, keiner wusste so richtig, was er sagen sollte. Martha gingen viele Fragen durch den Kopf, aber die behielt sie lieber für sich. Zuhause angekommen, kochte Hanna erstmal Kaffee und langsam lockerte sich die Atmosphäre. Martha zog sich in ihr Zimmer zurück, warf sich auf ihr Bett und drückte ihren Teddybären fest an sich. Sie fühlte sich unwohl und wollte lieber allein sein. Sie las ihr Lieblingsbuch, als Hanna nach ihr rief: „Martha, kommst du bitte zu uns zum Kuchenessen?" Bevor sie antworten konnte, steckte ihre Mutter schon gut gelaunt ihren Kopf zur Tür hinein. Martha stand auf und folgte ihr ins Wohnzimmer. „Der Käsekuchen ist sehr lecker, hast du ihn selbst gebacken?", fragte er liebevoll. „Ja, es ist ein altes Familienrezept", säuselte Hanna sichtlich geschmeichelt. Die beiden hatten nur Augen füreinander und so konnte Martha unbemerkt ins Kinderzimmer zurückgehen. Sie schmiss sich auf ihr Bett und musste bitterlich weinen. Sie spürte, dass ihr Leben wieder eine große Wende nehmen würde, vor der sie beklemmende Angst hatte. Sie spürte eine bedrohliche Kälte von dem Mann ausgehen und wünschte sich mehr denn je, dass ihr Vater sie endlich zu sich holen würde. Solche Samstagnachmittage gab es jetzt regelmäßig! Er brachte ihr selbstgemalte Bilder mit und gab sich große Mühe, ihr zu gefallen. Ihre Mutter hatte er ja bereits um die Finger gewickelt, sie war so verliebt in ihn. Aber das war nicht so schlimm, da Martha jetzt nicht mehr die Nachmittage mit den beiden Verliebten verbringen musste, sondern auf dem Spielplatz spielen konnte oder Mia, Hannes und Paul besuchen konnte. Nur eins durfte sie nicht, sie durfte nichts von ihm erzählen und sollte sagen, dass Hanna für die Schule lernt.

Hanna versprach ihrer Tochter, es ihr irgendwann mal in Ruhe zu erklären. Doch Martha war es egal, weil er ja nur in paar Stunden blieb und dann wieder ins Heim zurückmusste. Dann hatten sie wieder ihre Ruhe! Langsam öffnete sie sich dem neuen Mann gegenüber, der sie mit Aufmerksamkeiten überhäufte und immer kleine Geschenke mitbrachte. An diesem Samstag fuhren sie gemeinsam den Rex besuchen und verbrachten einen wundervollen Nachmittag zusammen. Herbert erzählte, dass seine Eltern sogar drei Schäferhunde haben, die das große Haus bewachen. Er meinte, sie würden bestimmt mal dorthin fahren, wenn er nicht mehr ins Heim zurückmüsse. „Wie lange musst du denn noch dortbleiben?", fragte Martha interessiert. „Das weiß ich noch nicht so genau, aber ich hoffe, nicht mehr allzu lange", erwiderte er zu Hanna zwinkernd. Hanna senkte ihren Blick und lächelte sanft. Als sie ihn an diesem Abend abgeliefert hatten, nahm Hanna ihre Tochter an die Hand und sagte: „Komm, wir gehen noch ein paar Schritte." Erwartungsvoll ging Martha mit ihr an dem großen Zaun entlang. „Mein kleiner Schatz, ich hatte dir doch vor einiger Zeit versprochen, dir zu erzählen, warum Herbert in diesem Heim wohnt." Martha fühlte sich irgendwie komisch, ging aber stumm mit ihrer Mutter mit. „Das hier ist kein normales Heim. Hier leben Menschen, die etwas gemacht haben, was nicht so ganz in Ordnung war." Martha schaute ihre Mutter mit großen Augen an. „Ja", fuhr Hanna fort. „Sie haben gegen das Gesetz verstoßen und müssen zur Strafe hier eine bestimmte Zeit leben, um über alles nachzudenken." Schweigend gingen die beiden nebeneinanderher. „Was hat er denn gemacht?", fragte das Mädchen schließlich. „Er hat Alkohol getrunken, ist dann Auto gefahren und hatte einen schlimmen Unfall, bei dem ein Mensch gestorben ist", erklärte Hanna weiter. „Und deswegen muss Herbert jetzt hier leben?" – „Ja, mein Schatz, deswegen muss er hier leben." Nachdenklich gingen beide zum Auto zurück. Martha kreisten tausend Gedanken im Kopf herum. Zu Hause angekommen, machte Hanna ein paar Brote zum Abendessen und sie kuschelten sich zusammen auf das gemütliche Sofa und sahen fern. Im Bett dachte Martha noch lange über alles nach. Wer war wohl

der Mensch, der bei dem Unfall gestorben war? Wie ist der ganze Unfall überhaupt passiert? Wie lange musste Herbert wohl noch dortbleiben? Irgendwann schlief sie schließlich ein. Beim Frühstück erklärte Hanna freudig, dass Herbert bald aus dem Heim ausziehen könnte und sich Arbeit und eine eigene Wohnung suchen kann. Das war anscheinend sehr schwierig, denn er zog nach seiner Entlassung, die ein paar Wochen später war, direkt bei den zwei Frauen ein. Sie beschlossen zusammen eine größere Wohnung zu suchen und gleich ganz zusammen zu leben. Also, Hanna und Herbert beschlossen das, Martha wäre lieber mit ihrer Mutter allein geblieben. Nun wurde er auch der Familie vorgestellt, die wenig begeistert über die schnelle Entscheidung von Hanna waren und meinten, dass der Zusammenzug übereilt wäre. Herbert mochte die Familie eh nicht so gerne und so wurde der Kontakt selten. In der kleinen Wohnung war es sehr eng geworden, es fühlte sich sehr befremdlich für Martha an, einen doch noch recht fremden Mann so nahe bei sich zu haben. Herbert gab sich große Mühe, freundlich und lieb zu ihr zu sein. Er kochte ihre Lieblingsgerichte, erlaubte ihr abends mit ihnen lange fernzusehen und kaufte ihr immer leckere Süßigkeiten, die es bei ihrer Mutter sonst nicht so oft gegeben hätte. Mama lachte viel und sah richtig glücklich aus. Das gefiel Martha sehr!

Ein paar Monate später fanden sie eine Dreizimmerwohnung, die zufällig gegenüber von Mia und Pauls Wohnung war. Man konnte zwar nicht direkt rübersehen, weil sich dazwischen ein Parkplatz und Garagen befanden, die große Bäume zierten, aber es waren gut sechzig Schritte und man war da. So konnte Martha ganz oft zu den beiden rübergehen und mit dem kleinen Hannes spielen. Die Wohnung gefiel allen sehr gut und Martha durfte ihr neues Zimmer einrichten und bekam ganz neue Möbel. Herbert fand eine Arbeitsstelle und Martha ging von montags bis freitags zu Oma. Die Familie verstand sich nach und nach einigermaßen mit Herbert, sie feierten das Weihnachtsfest bei Paul und Mia. Martha vertraute ihm langsam und hatte ihr Lachen wiedergefunden. Überhaupt schienen sie jetzt viel Geld zu haben! Sie kauften ein neues Auto und einen Wohnwagen.

Auf einem Campingplatz, der an einem keinen See lag, mieteten sie einen Stellplatz mit kleinem Garten. Hier verbrachten sie gemeinsam die Wochenenden. Zu ihrem siebten Geburtstag bekam Martha eine Schildkröte, die sie sich schon so lange gewünscht hatte. Für Blacky, wie sie die Kröte nannten, baute Herbert eine große Holzkiste, die sie zusammen anmalten.

Was war geschehen?

Hanna hatte im Rahmen ihrer Ausbildung an einem Schulprojekt teilgenommen, das sich mit dem Thema beschäftigt hatte, wie man strafauffällige Menschen wieder auf ein soziales Leben außerhalb des Gefängnisses vorbereiten kann. Der Gedanke war, schon während der Haftstrafe soziale Kontakte zu vermitteln. Die erwachsenen Schülerinnen bauten Brieffreundschaften auf und so lernte Hanna ihren Herbert kennen. Herbert saß wegen Totschlags ein, weil er wohl alkoholisiert Auto gefahren war, einen Unfall verursacht hatte, bei dem ein Mensch ums Leben gekommen war. Mehr wusste Hanna zu diesem Zeitpunkt noch nicht. Sie wollte nach dem Tod ihres Mannes etwas wiedergutmachen und Herbert seinen Lebensmut zurückgeben. Natürlich war es für ihn nicht einfach, wieder einen Job zu finden und eine Wohnung. Daher lag es auf der Hand, dass er gleich bei den beiden Frauen einzog. Hanna war sehr glücklich wieder einen Mann an ihrer Seite zu haben und gebraucht, begehrt zu werden. Für ihn da zu sein und ihn in ein schönes soziales Leben zu integrieren, machte sie sich zur neuen Aufgabe, die natürlich auch vortrefflich von Georgs Tod ablenkte. Martha konnte da nicht so viel Freude empfinden! Sie war ja nicht verliebt und hatte sich nicht aussuchen können, ob sie den Mann überhaupt in ihrem Leben haben will. Die Familie war natürlich skeptisch, da sie kaum Informationen von Herbert hatten und er für sie sozusagen aus dem Nichts auftauchte. Außerdem machten sie sich Sorgen um Hanna und Martha, weil Georgs Tod noch so gegenwärtig und nah war, dass sie Angst hatten, dass beide seinen Selbstmord noch nicht richtig verarbeitet hatten. Aber nach und nach gewann Herbert das Vertrauen der Familie. Martha wurde eingeschult und das Leben

verlief harmonisch. Um die neue Wohnung, den Wohnwagen und alles zu finanzieren, nahm Hanna einen hohen Kredit auf. Sie wollte den Start in das Familienglück so schön wie möglich gestalten. Herbert konnte keinen Kredit bekommen, da er erst auf Bewährung aus dem Gefängnis kam und seinen Job auch noch nicht lange hatte. Darum nahm Hanna das Geld auf, aber sie wollten ihn gemeinsam abzahlen.

Osterferien bei Herberts Familie

In Marthas ersten Osterferien fuhren sie das erste Mal zu seinen Eltern. Sie hatten ein sehr großes Haus und einen noch größeren Garten. Anfangs hatte Martha etwas Angst vor den drei Schäferhunden, aber bereits nach ein paar Stunden spielte sie schon ausgelassen und allein mit ihnen im Garten. Alle drei Hunde waren schöne und gut ausgebildete Tiere, die schon einige Preise erhalten hatten. Der Garten war so groß, dass man vom Haus aus nicht bis zur Grundstücksgrenze blicken konnte. Große, üppig gewachsene Obstbäume standen in drei Reihen, so weit das Auge reichte. Links neben den Apfel-, Kirsch-, Pflaumen- und Birnenbäumen zierten ein Blumen- und Gemüsegarten ein gutes Drittel des Gesamtgartens. Eingezäunt von einem großen Holzzaun, der den Pflanzen Schutz vor den herumtollenden Schäferhunden bot, wuchsen diese in voller Pracht und leuchtenden Farben. Martha verliebte sich sofort in diese wunderschönen Farben und das satte Grün des Rasens. Überhaupt wurde der Garten zu ihrem absoluten Lieblingsplatz. Gerne saß sie stundenlang unter einem der Bäume und schmökerte in den alten Büchern aus Omas Bücherregal. Die Hunde lagen dabei meistens alle neben ihr und dösten im Schatten des Baumes. Zwischendurch warf sie ihnen Bälle zu und tollte mit ihnen über die Wiese. Oma Frieda kochte himmlisch lecker und alle Malzeiten wurden mit der gesamten Familie, zu der noch die beiden jungen Brüder von Herbert sowie Opa Peter gehörten, eingenommen. Dass dieser wunderschöne Ort bald

der einzig sichere Platz für das Kind sein sollte, ahnte damals noch niemand. Martha würde fast die gesamten folgenden Ferien dort verbringen.
Als sie wieder zu Hause ankamen, freute sich Martha schon auf den nächsten Besuch bei Oma Frieda. Die kommenden Wochen verliefen sehr gut, unter der Woche ging Martha gerne zur Schule und spielte mit ihren Freunden viel draußen. Mit ihrer besten Freundin ging sie jetzt auch zum Turnen in den Sportverein, das machte ihr richtig Spaß. Am liebsten mochte sie das große Trampolin, auf dem sie immer wieder Saltos übte und bald gut konnte. Außerdem ging sie einmal die Woche zum Schwimmen. An den Wochenenden waren sie auf dem Campingplatz, schwammen dort im kleinen See, grillten und spielten zusammen Monopoly oder ähnliches. Herbert las dem Kind jeden Wunsch von den Augen ab und überhäufte sie mit kleinen Geschenken und Süßigkeiten, die sie allerdings vor Hanna verstecken sollte. Einmal in der Woche musste Herbert immer einen Mann besuchen, der mit ihm über die Sache, wegen der er im Heim war, sprechen wollte. Das gefiel Herbert gar nicht, er nannte ihn immer „der Blödmann".
Am kommenden Wochenende fuhren sie wieder zu Herberts Eltern, weil Oma Frieda Geburtstag hatte. Martha freute sich sehr und durfte sogar ihre Schildkröte mitnehmen. Opa Peter, auch genannt Opa Friedland (weil sie in der Nähe von Friedland leben), hatte im Garten sogar ein kleines Gehege angelegt, in das Martha gleich Blacky brachte. Die Schildkröte streckte gleich ihren Kopf in die Frühlingssonne und genoss die warmen Sonnenstrahlen. Opa und Martha ließen sich im Gras nieder und sahen ihr beim Herumlaufen zu. Dann rief Oma zum Mittagessen und Opa nahm die Kröte mit ins Haus und setzte sie in ihren Käfig. Am Nachmittag gab es lecker Kuchen und abends wurde mit Sekt auf Oma Friedas Geburtstag angestoßen. Herbert und Martha bekamen keinen Sekt und Opa meinte: „Du, Martha, bist noch viel zu jung dafür." Er zwinkerte ihr lieb dabei zu. „Und du, Herbert, trinkst ja hoffentlich nie wieder Alkohol!"
„Oh ja, das verspreche ich euch! Nie wieder werde ich einen Tropfen anrühren!"

Es wurde ein schöner Geburtstag, an dem alle viel lachten und Freude hatten. Der kommende Tag verlief weiterhin so schön. Am Nachmittag wollten sie nach dem Kaffeetrinken wieder nach Hause fahren, daher genoss Martha den Tag mit den Hunden und ihrer Schildkröte. Dann war es so weit und Oma rief zum Kaffee und Kuchen. Da Martha sich schon riesig auf die leckere Torte freute, stürmte sie sofort freudig ins Haus. Als sie ihr erstes Stück aufgegessen hatte, fiel ihr ein, dass sie Blacky draußen vergessen hatte. Sie sprang eilig auf, um sie schnell zu holen. Aber Herbert hielt sie am Arm fest. „Na Fräulein, wo willst du denn so schnell hin?“ – „Ich habe Blacky draußen vergessen und will sie schnell reinholen“, erwiderte das Kind. „Das kannst du auch machen, wenn wir alle fertig sind. Setz dich wieder!“ Martha schaute in die Runde, aber niemand sah sie an und so setzte sie sich wieder. Aber sie war unruhig, weil sie sich Sorgen um ihre Schildkröte machte. Als endlich alle ihren Kuchen aufgegessen hatten, durfte sie aufstehen und rannte durch den großen Flur nach draußen. Als sie auf dem Hof nur noch zwei Hunde sah, pochte ihr Herz bis zum Hals. Wo war Billy? Jetzt konnte sie das Schildkrötengehege sehen! Und Billy! Er lag mittendrin! Starr vor Angst blieb sie wie angewurzelt stehen. Der Hund sah sie und kam mit eingezogenem Schwanz zu ihr und schmiegte sich so stark an das Mädchen, dass sie sich kaum auf den Beinen halten konnte. Sie streichelte ihn mechanisch und tastete sich Schritt für Schritt näher an das Gehege dran. Dann sah sie Blacky! Und viel Blut! Jetzt konnte sie kaum noch atmen. Sie wollte laut schreien, aber es kam kein Ton heraus. Hanna kam auf den Hof, weil sie langsam nach Hause wollte. Als sie ihre Tochter dort so regungslos stehen sah, war ihr sofort klar, dass etwas Schreckliches passiert war. Blacky war tot! Billy hatte ihr den Kopf abgebissen! Hanna schrie laut auf und alle anderen kamen sofort angelaufen. Opa Peter nahm Martha auf den Arm und rief Billy zu sich, denn er wusste, dass er ihr Lieblingshund war. „Billy hat das nicht mit Absicht gemacht, das musst du mir glauben. Er wollte nur mit ihr spielen. Er wusste nicht, dass er ihr damit wehtut.“ Billy leckte ihre Hand und sie spürte, dass Opa recht hatte. Die Tränen kullerten ihr über die Wangen, als sie den Hund streichelte.

Sie nahmen die Schildkröte in einem Schuhkarton mit, um sie zu Hause zu begraben. Auf der Rückfahrt hielt Martha den Karton die ganze Zeit auf dem Schoß. Herbert fragte während der Fahrt plötzlich, ob Martha gerne einen eigenen Hund hätte. Na klar wollte Martha das! Zu Hause angekommen, gruben sie gleich das Grab für Blacky. Als Martha im Bett lag, kamen beide zu ihr und versprachen, in den Sommerferien einen Hund zu kaufen.

Endlich war es dann so weit! An ihrem ersten Ferientag sprang Martha fröhlich aus ihrem Bett und stürmte in die Küche. Sie wollte am liebsten gleich einen Hund kaufen fahren und wollte mit Hanna und Herbert alles besprechen. In der Küche war aber Oma und lächelte sie freundlich an. „Wo ist Mama?", wollte Martha wissen. „Guten Morgen, meine Liebe, hast du gut geschlafen?" Oma nahm sie in den Arm. „Ja, das habe ich, aber wo ist Mama?" – „Die beiden mussten früh los, weil sie irgendwas erledigen wollen." Martha war sichtlich enttäuscht! Nach dem Frühstück ging sie mit Oma durch das Dorf und verteilte die Gemeindebriefe. Das machte Oma einmal im Monat. Dann kauften sie noch für das Mittagessen ein und Oma kochte gerade in der Küche, als es an der Tür Sturm klingelte. Vor der Tür standen Hanna und Herbert, mit einem süßen Hundebaby auf dem Arm. „Das ist Harry zum wilden Schmidt", erklärte Herbert stilvoll. Er hielt ihn vorsichtig Martha entgegen und sie streichelte ihn behutsam. Von nun an war der Hund Marthas bester Freund, er durfte sogar in ihrem Bett schlafen. Der kleine Zwergpudel entpuppte sich als richtiger Wildfang und so kam es nach ein paar Tagen, dass er irgendwie auf den Küchentisch sprang und so schnell, wie er oben angekommen war, gleich wieder runterschlitterte und sich das linke Hinterpfötchen brach. Da er so zarte Knochen hatte und noch so jung war, konnte er nicht operiert werden und der Tierarzt wollte ihn gleich einschläfern. Das kam aber nicht in Frage! Schließlich legte der Tierarzt ihm einen Gips an und meinte, dass wir sechs Wochen Zeit hätten ihn aufzupäppeln, wenn der Knochen dann nicht angewachsen sein sollte, bliebe nur noch die Möglichkeit, das Tier zu erlösen. „Das schaffen wir", meinte Herbert und das

taten sie auch. Nach sechs Wochen kam der Gips ab und der Knochen war zusammengewachsen. Allerdings war das Pfötchen etwas kürzer als die anderen, aber das störte Harry nicht, nur wenn er schnell lief, belastete er sein Beinchen nicht, sondern lief einfach auf drei Pfötchen. Damit war er superschnell. Wenn sie Oma Frieda besuchen fuhren, war der kleine Harry der absolute Star, weil die Schäferhunde ihn als Welpen annahmen und er mit ihnen machen konnte, was er wollte. Opa gab ihnen den Befehl ihn zu beschützen und das taten sie uneingeschränkt. Er tollte mit ihnen über Stock und Stein. Martha sah ihnen gern beim Toben zu. Es waren superschöne Ferien!

Was war geschehen?

Martha war zu ersten Mal nach dem Tod ihres Vaters wieder glücklich! Sie hatte gute Freunde gefunden, ging gerne in die Schule und entdeckte ihre Freude am Sport. Herbert war sehr lieb zu ihr und überflutete sie mit kleinen Geschenken. Durch den Umzug in die neue Wohnung konnte sie Mia und Paul oft sehen, was ihr sehr guttat. Auch der Campingplatz tat ihr gut und brachte die kleine Familie näher zusammen. Vor allem fühlte sie sich bei Oma Frieda und Opa Peter sehr wohl und geborgen. Natürlich auch wegen der Hunde, denn sie ließen sie mit dem Verlust von ihrem Schäferhund besser umzugehen. Aber auch das gemeinsame Kochen und Backen mit Oma Frieda machte ihr riesigen Spaß, vor allem das Ernten aus dem eigenen Garten. Für Martha wurde das kleine Dorf ein Ort der Geborgenheit. Die Liebe zu den Hunden war so stark, dass sie Billy den Tod ihrer Schildkröte verzeihen konnte. Als sie dann noch einen eigenen Hund bekam, schien ihr Glück perfekt zu sein!

Herbert wird arbeitslos

Als Martha nach den Ferien von Hanna und Herbert abgeholt wurde, war die Stimmung gedrückt. Oma Frieda guckte ihren Sohn an und fragte: „Na, was hast du jetzt wieder ausgefressen?" – „Warum denkt ihr immer, dass ich was ausgefressen habe?", konterte Herbert nölig zurück. „Junge, das kannst du uns doch nicht verübeln!", meinte Opa Peter. Alle machten ernste Gesichter. „Keine Sorge, diesmal ist es einfach nur dumm gelaufen!", erwiderte er. „Na, mein Junge, dann erzähl doch mal", ermunterte Opa ihn. „Also, um es gleich vorwegzunehmen, ich habe meine Arbeit verloren. Aber ich habe mir nichts zu Schulden kommen lassen! Die Firma braucht einfach keinen Schweißer mehr. Punkt." Oma und Opa schauten sich an und Hanna blickte sorgenvoll auf den Boden, denn immerhin hatte sie einen sehr hohen Kredit aufgenommen und der musste abbezahlt werden. „Und jetzt nochmal von vorne!", sagte Opa streng. „Bitte diesmal die Wahrheit!" Herbert schaute verlegen in die Runde. „Ja, okay, da ist mir was Dummes passiert! Aber die anderen haben alle mitgemacht. Wir haben auf den Geburtstag eines Kollegen angestoßen! Die anderen haben viel mehr getrunken als ich! Bei mir war es wirklich nur ein Bierchen!" – „Nur ein Bierchen?! Wenn ich das schon höre, platzt mir gleich der Kragen!" Opa war außer sich! Oma legte ihre Hand auf seinen Arm. „Beruhige dich bitte, das bringt doch nichts!" – „Beruhigen? Wie soll ich mich da beruhigen?", schimpfte er weiter. „Nie wieder rühre ich einen Tropfen an! Höre ich noch in meinem Ohr! Das hast du hoch und heilig geschworen!" Opa tobte vor Wut. Herbert kauerte sich in den Sessel und erwiderte resigniert: „Ich weiß, dass es dumm von mir war, mitzutrinken." Hanna setzte sich auf seinen Schoß, schlang die Arme um seinen Hals und meinte sanft: „Das schaffen wir schon zusammen! Du findest wieder einen Job! Ganz bestimmt!"

Auf der Fahrt nach Hause wurde nicht viel gesprochen, die Stimmung war düster. Martha kuschelte sich an Harry und schief mit ihm zusammen auf der Rückbank ein. Von der Stimme ihrer Mutter wurde sie wieder geweckt. „Martha, Martha, wir sind

zu Hause! Aufwachen!“ Verschlafen stieg sie aus dem Auto aus. „Wo ist Herbert?“, fragte sie. „Der ist schon mal vorgegangen“, meinte Hanna. „Ich glaube, Harry muss nochmal sein Geschäft erledigen. Drehst du mit ihm noch eine Runde, mein Schatz?“ – „Klar Mama!“ Also drehte sie eine Runde ums Haus. Als sie sich dem Hauseingang näherte, sah sie, wie Herbert aus dem Haus stürmte. Sie eilte die Treppen bis in die zweite Etage hoch und rief noch nach Luft schnappend: „Was ist denn mit Herbert los?“ – „Alles gut, mein Schatz, er holt nur schnell etwas vom Kiosk“, antwortete ihre Mutter. Aber Martha sah, dass sie geweint hatte, sagte aber nichts und setzte sich auf das Sofa. Hanna schaltete den Fernseher ein. Dann hörten sie, wie die Tür aufgeschlossen wurde. Hanna ging auf den Flur und lehnte die Wohnzimmertür an. „Muss das sein?“, fragte sie mit ernstem Ton. Herbert antwortete nicht, sondern schubste sie zur Seite und setzte sich zu Martha aufs Sofa, mit einem Sixpack Bier in der Hand. „Bring mir mal einen Flaschenöffner, mein Schätzchen!“, forderte er Martha auf. Sie stand auf und ging in die Küche. Hanna folgte ihr und bat sie, in ihr Zimmer zu gehen. Harry folgte dem Kind. „Ich hole euch gleich wieder! Okay?“, lächelte die Mutter schwer.
Martha setzte sich mit dem Rücken an die Tür lehnend auf den Teppich und legte ihr Gesicht auf die angewinkelten Knie. Harry stupste sie lieb mit seiner feuchten Schnauze an, bis Martha ihn streichelte. Sie lauschte aufmerksam, konnte aber kaum etwas von dem Gespräch im Wohnzimmer verstehen. Wahrscheinlich flüsterten die beiden. Nach einer guten halben Stunde klopfte Hanna an die Tür und rief: „Es gibt jetzt Abendessen!“ Zum Abendessen trank Herbert ein Bier und alles schien wieder in Ordnung zu sein. Von diesem Abend an trank Herbert sein Bier zum Abendessen. Die Stimmung war gut, nur dass Herbert keine Arbeit fand, machte alle traurig. Dafür fand Hanna einen Nebenjob als Putzfrau und ging gleich nach der Arbeit im Kindergarten dorthin. Herbert bereitete das Abendessen vor und wenn sie dann endlich nach Hause kam, aßen sie zusammen. Oma kam nicht mehr zu ihnen, da Herbert sich jetzt um alles kümmerte. Er ging einkaufen, kochte, machte die Wäsche und

mit Martha die Hausaufgaben. Oma fand das alles nicht gut, da sie ihre Enkeltochter kaum noch sah. Martha vermisste ihre Oma ebenso und besuchte sie heimlich, wenn Herbert dachte, dass sie bei ihren Freundinnen ist.

Nach einigen Wochen nahm Hanna noch einen Job an und musste dreimal in der Woche auch noch nach dem Abendessen arbeiten. Das war richtig doof! Herbert trank mittlerweile täglich einen Sixpack Bier und versteckte die Flaschen vor Hanna. Martha entdeckte die Flaschen im Putzschrank und Herbert erwischte sie dabei. „Das Bier brauche ich, weil ich so traurig bin, dass ich immer noch keine Arbeit gefunden habe. Du weißt doch, wie sehr ich mich anstrenge, einen Job zu finden.“ Martha starrte ihn mit großen Augen an und nickte. Irgendwie tat er ihr leid! Ein paar Flaschen Bier können ja wohl auch nicht so schlimm sein. Sie erzählte aber Oma davon. Die erzählte es Hanna.

Oje, das gab einen Riesenkrach! Schließlich versprach Herbert hoch und heilig, nur noch eine Flasche am Abend zu trinken. Hanna war zufrieden. Zu Martha flüsterte er: „Dumme Petze! Darüber reden wir nochmal!“ Er machte ihr Angst, sie wollte gerne Hanna davon erzählen, aber Herbert ließ sie nie aus den Augen, wenn Hanna zu Hause war. Und Martha durfte jetzt nicht mehr zu Oma gehen, da nun alle wussten, dass sie dort heimlich hingeht. Herbert erteilte ihr sogar noch Stubenarrest und verbot ihr, mit ihrer Mutter darüber zu sprechen. „Du willst doch nicht, dass deine Mutter wieder krank wird, oder?“ Nein, das wollte sie nicht! Also sagte sie nichts. Die Wochenenden waren aber immer sehr schön, weil Hanna bei ihnen war und Zeit für Martha hatte. Sie waren auf dem Campingplatz oder machten es sich zu Hause gemütlich und spielten viele Gesellschaftsspiele. Manchmal legten sie nur kurze Pausen ein, um zu essen oder mit dem Hund eine Runde rauszugehen.

Was war geschehen?

Durch die Arbeitslosigkeit von Herbert hatten sie ein riesiges Problem. Der hohe Kredit musste ja trotzdem weiter abbezahlt werden und er lief ausschließlich auf Hannas Namen.

Die Wohnung, der Campingpatz, die laufenden Kosten mussten auch gestemmt werden. Herbert war weiterhin nur auf Bewährung in Freiheit und durfte sich nichts zu Schulden kommen lassen, also blieb die Verantwortung an Hanna hängen. Dass er wieder Alkohol trank, machte die Situation nicht besser. Herbert kümmerte sich zwar vortrefflich um den Haushalt, aber Martha wäre lieber zu ihrer Oma gegangen, weil sie sich dort geborgen fühlte und Oma sie immer beschützte. In diesen Wochen fing Herbert langsam an, Martha und sein Umfeld zu manipulieren. Dass er Martha von ihrer Oma fernhält, spielt hierbei eine entscheidende Rolle! Auch die drei Jobs von Hanna sind für ihn von hilfreicher Bedeutung! Der Missbrauch ist schon lange in Vorbereitung!

Das große Geheimnis!

Endlich war wieder Wochenende und heute wollten sie zusammen das Samstagabendprogramm gemeinsam sehen. Martha kam gerade aus der Badewanne und machte es sich in ihrem Nachthemd auf dem Sofa gemütlich. „Hanna, magst du noch schnell eine Runde mit dem Hund gehen, bevor die Sendung losgeht?", fragte Herbert sie sehr lieb und gab ihr im Vorbeigehen einen flüchtigen Kuss auf die Stirn. „Na gut", lächelte sie. „Dann werde ich mir das Abendessen ablaufen und kann nachher ganz viele Chips essen." Sie zog ihre Jacke an und leinte den Hund an. Dann hörte Martha die Tür ins Schloss fallen. Plötzlich rückte Herbert ganz dicht an sie heran und legte seinen Arm um ihre Schulter. Er drückte sie ganz fest an sich, dass sie kaum noch Luft bekam. Sein Atem roch nach Zigarettenqualm und Bier, als er ihr ins Ohr hauchte: „Na meine Süße! Weißt du eigentlich, wie lieb ich dich habe?" Martha versuchte sich aus seiner Umarmung zu lösen, aber er erhöhte den Druck und beugte sein Gesicht dicht über ihres und küsste sie auf den Mund. „Lass mich!" rief sie, so laut sie konnte. Er lächelte sie an: „Du brauchst keine Angst zu haben, ich tue dir nicht weh."

Wieder drückte er seine Lippen auf die ihren und Martha versuchte mit aller Kraft, den Mann von sich wegzustoßen. Je mehr sie sich wehrte, desto mehr Spaß schien es ihm zu machen. „Das sage ich Mama!“, schrie sie ihn an. Er lachte laut und küsste sie gleich nochmal. Diesmal stieß er seine große Zunge in ihren Mund, obwohl sie versuchte die Lippen fest aufeinanderzupressen. Er drückte mit seiner Hand ihren Unterkiefer nach unten und seine Zunge drang so tief in ihren Mund, dass sie würgen musste. Herbert lachte: „Du wirst niemanden was erzählen! Oder willst du, dass deine Mutter auch noch stirbt? So wie dein Vater?“ Martha starrte ihn erschrocken an und schüttelte den Kopf. „Na also, das wusste ich doch!“ Seine Hand schob sich von ihrem Gesicht zu ihrer Brust. „Na“, lachte er wieder. „Die werden ja noch schön wachsen! Wir beide werden noch richtig viel Spaß haben. Meine kleine Prinzessin.“ Dabei wanderte seine Hand tiefer und sie spürte seine dicken Finger an ihrer Unterhose. „Nein! Lass das!“, schrie sie. Da zog er sie an ihren Haaren dicht an sein Gesicht: „Niemand wird dir glauben! Du musst nur lieb zu mir sein und deiner Mama wird es gut gehen! Hast du das jetzt verstanden? Wir könnten dich auch ins Heim geben, wenn du nicht lieb bist! Verstanden, Schätzchen?“ Martha nickte, während sich seine Finger weiter an ihrem Schlüpfer zu schaffen machten. Er rieb an ihrer Scheide rum und fragte: „Na, ist das nicht ziemlich angenehm?“ Er grinste lustvoll. Gott sei Dank hörte sie das Türschloss und Hanna kam zurück. Herbert ließ schnell von ihr ab und setzte sich ans andere Ende des Sofas. Hanna setzte sich zwischen die beiden und hielt Hanna fröhlich die Chipstüte vor die Nase, aber Martha konnte jetzt nichts essen. Sie war wie erstarrt! Obwohl ihre Lieblingssendung lief, konnte sie den Abend nicht mehr genießen. Der Abend verlief wie durch einen Schleier, der alles so unwirklich erschienen ließ. Herbert grinste sie den ganzen Abend gut gelaunt an und zwinkerte ihr unentwegt zu. Martha war nur noch schlecht und sie versuchte seinen aufdringlichen Blicken auszuweichen. Als Hanna zwischendurch mal auf die Toilette verschwand, hauchte er Martha rüber: „Nächstes Mal ziehst du gar keinen Schlüpfer an! Dann kann ich dich viel besser streicheln!“

Martha lief ein eiskalter Schauer über den Rücken!
Als die Sendung zu Ende war, ging sie schnell ins Bad, putzte ihre Zähne und ging ins Bett. Hanna kam nochmal zum Gutenachtsagen und wollte wissen, ob alles in Ordnung ist. Martha nahm sie in die Arme und sagte nur: „Mama, ich habe dich lieb!“ – „Ich dich auch, mein Schatz! Schlaf gut!“ Martha konnte diese Nacht nicht einschlafen, sie spürte, dass sich heute etwas in ihrem Leben verändert hatte, und das machte ihr große Angst. Was das für sie bedeuten sollte, wurde schon am folgenden Montag nach der Schule deutlich. Als sie mit ihren Freundinnen aus der Schule kam, winkte Herbert ihr schon freudig aus dem Fenster zu. Martha bekam einen Kloß im Hals und ihre Schritte wurden immer langsamer. „Kommst du nachher auf den Spielplatz?“, fragte Andrea. „Ja, ich denke schon“, antwortete sie. „Okay, dann bis später!“ Dann verschwand Andrea im Nachbarhaus. Martha ging mit einem mulmigen Gefühl die Treppe hoch. Oben öffnete ihr Herbert gleich die Tür. Er trug nur einen Bademantel und schien gute Laune zu haben. „Hast du Hunger, mein Schatz?“, fragte er, während er ihr aus der Jacke half. „Nö!“, antwortete sie und wollte schnell in ihr Zimmer gehen. „Warte doch mal! Wir haben doch jetzt ganz viel Zeit, um lieb zueinander zu sein.“ Herbert hielt sie am Arm fest und zog sie an sich. „Nein!“, schrie sie laut. Jetzt hielt er sie an beiden Armen fest und schüttelte sie heftig. „Das hat doch keinen Sinn, meine Süße. Ich habe dir doch schon mal gesagt, dass du gar nicht versuchen musst, jemandem davon zu erzählen. Dir wird niemand glauben! Oder willst du vielleicht doch lieber ins Heim und deine Mutter nie wieder sehen?“ Martha starrte ihn entsetzt an. „Na, das wusste ich doch!“, grinste er, während seine Lippen die ihrigen berührten. „Das wird dir schon gefallen!“ Er nahm sie auf den Arm und trug sie zum Sofa, wo er ihre Hose öffnete und ihr lustvoll zwischen die Beine fasste. Martha presste ihre Lippen fest zusammen, als seine Zunge aufdringlich in ihren Mund wollte. Er lächelte sie an, schob ihren Pullover hoch und liebkoste mit seiner Zunge ihre zarten Brüste. Martha versuchte ihn wegzuschieben, aber die Achtjährige konnte sich nicht gegen den kräftigen Mann wehren.

Übelkeit stieg in ihr hoch und sie hatte das Gefühl, sich jeden Moment übergeben zu müssen. Jetzt fummelte er an ihrer Hose rum und zog sie ihr ganz aus. Den Schlüpfer ließ er ihr noch an, ebenso den hochgeschobenen Pullover. Er spielte an ihren zarten Brustwarzen, leckte sie und tastete sich schließlich mit seiner Zunge zu ihrer Scheide runter. Martha war erstarrt und nicht in der Lage, sich zu bewegen, als er mit seinen Fingern in ihren Schlüpfer fasste und ihr zuschnaubte: „Den ziehen wir jetzt mal aus, dann kann ich dich ganz geil streicheln." Er zog ihn ihr aus und spielte an ihrer Scheide. Er leckte mit seiner widerlichen Zunge ihre Scheide und stöhnte dabei. Das Stöhnen wurde immer heftiger. Er nahm sein Glied in die Hand, das war ganz groß und hart geworden und rieb es an ihrer Scheide. Das mächtige Glied machte ihr Angst und sie rutschte etwas von ihm weg. Er zog sie sofort wieder zu seinem Glied, was er jetzt mit seiner anderen Hand fest umfasste und in dieser schnell auf und ab bewegte. Mit der anderen Hand rieb er immer fester an ihrer Scheide, stöhnte immer lauter, bis er sein Glied an ihre Scheide presste und weiße dickliche Flüssigkeit herausspritzte. Diese übelriechende Flüssigkeit verteilte er an ihrer Scheide sowie auf ihrem Bauch. Das stank ganz widerlich! Dann legte er seinen Kopf auf ihren Bauch und flüsterte: „Das war richtig geil! Warte ich mache dich schnell sauber." Er holte einen Waschlappen und wischte sein Sperma weg. Ihre Scheide brannte wie Feuer und Tränen kullerten über ihr Gesicht. „Das ist jetzt unser Geheimnis, mein Zuckerpüppchen."

Heute ging Martha nicht mehr zum Spielen raus!

Von nun an wiederholte sich täglich das „Streicheln", wie Herbert es nannte. Immer wenn sie aus der Schule kam, erwartete er sie schon im Bademantel. Manchmal versuchte er ihre Hand an sein Glied zu führen und bettelte danach, dass sie es in ihre Hände nehmen sollte, um es zu reiben. Das tat sie aber nicht! Sein Verlangen schien grenzenlos zu sein! Er konnte es kaum abwarten, dass sie endlich von der Schule kam und fiel manchmal wie ein Tier über sie her. Nur wenn ihre Mutter da war, hatte Martha vor dem Monster Ruhe. Martha veränderte sich sehr. Sie sprach kaum noch und ging nicht mehr mit

Natürlich wartete Herbert schon auf sie! Diesmal musste sie gleich ins Schlafzimmer und sich aufs Bett legen. „Jetzt haben wir richtig viel Zeit für uns, mein Liebes!“ Er begann damit sofort, ihre Scheide zu lecken und versuchte ihren Eingang langsam zu weiten. Das tat ihr weh, aber sie hatte begriffen, dass er sie niemals in Ruhe lassen würde, bevor er seine Finger da drin hat. Aber als er dann den zweiten Finger einführte, schrie sie aus Versehen doch und er zog sie wieder raus und befriedigte sich selbst. Aber diesmal hielt er seinen Schwanz an ihren Scheideneingang, als er zum Orgasmus kam und drang mit der Penisspitze ein Stück in sie ein und spritzte so einen Teil des Spermas in ihre Scheide. Dann legte er sich neben sie und rauchte eine Zigarette. Martha stand auf und wollte sich wieder anziehen, als er sie wieder zurück ins Bett zog. „Hey meine Süße, wir haben doch noch ein paar Stunden Zeit, bis deine Mutter nach Hause kommt.“ – „Ich will heute aber mal Oma besuchen! Mama hat es mir versprochen!“ – „Tja, mein Engel, daraus wird wohl nichts, weil ich andere Pläne mit dir habe.“ Martha hasste ihn abgrundtief! Sie versuchte aufzustehen, aber hatte gegen den muskulösen Mann keine Chance. „Ich will das aber nicht mehr!“, sagte sie entschlossen. Herbert lachte laut und aufdringlich und meinte arrogant: „Und wer will das wissen? Deine Mutter glaubt dir eh kein Wort, weil sie alles macht, was ich will. Und auch sonst glaubt dir doch keiner! Du bist das Kind eines Selbstmörders! Was denkst du denn, warum sich dein Vater umgebracht hat? Hä? Wegen dir! Wahrscheinlich bist du auch nicht lieb zu ihm gewesen und er konnte dich nicht mehr ertragen!“ Martha liefen die Tränen aus den Augen und sie versuchte sich erneut loszureißen. Da hielt er sie noch fester und drückte seinen nach Rauch und Bier stinkenden Mund auf ihre Lippen und raunte: „Du weißt jetzt hoffentlich, was hier deine Pflichten sind! Sei lieb zu mir und es geht uns allen gut. Bist du es nicht, kommst du ins Heim und deine Mutter wird sich das Leben nehmen. Genauso, wenn du irgendwelche Hirngespinste erzählst! Du hast nur mich! Ich sorge für euch! Und mir glaubt jeder! Ist das jetzt endlich mal in deinem kleinen Hirn angekommen?“ Martha nickte und blieb regungslos im Bett liegen. Sie dachte

Was war geschehen?
Herbert hatte den sexuellen Kindesmissbrauch schon lange geplant! Wahrscheinlich schon bei der Kontaktaufnahme aus dem Gefängnis heraus. Warum? Weil pädophile Kinderschänder oft ganz bewusst nach alleinstehenden Müttern suchen, um ein gutes Vertrauensverhältnis zu den Kindern aufzubauen. Hierbei werden die Schwachstellen der Familie aufgespürt und für den eigenen Vorteil genutzt. Bei Martha und Hanna hatte er

ein leichtes Spiel, weil sie sich in einem emotionalen Ausnahmezustand befanden. Hanna hatte ihren Mann und Martha ihren Vater durch Selbstmord verloren. Das Hanna sich Vorwürfe machte, lag auf der Hand. Es war einfach für ihn, ihr zu schmeicheln und ihr Herz zu gewinnen. Nachdem er einen festen Platz in ihrem Herzen hatte, wusste er ganz genau, dass die Frau alles für ihn machen würde, aus Angst, ihn auch noch zu verlieren. Ebenso war die Arbeitslosigkeit von ihm gewollt, genauso wie der Schuldenberg von Hanna, für den sie ja allein unterschrieben hatte. Warum? Weil sie so gezwungen war, die vielen Jobs zu machen, denn Herbert wusste, wie zuverlässig Hanna war und sie alles dafür tun würde, die Schulden abzubezahlen. Er provozierte seine Arbeitslosigkeit, weil sein einziges Ziel war, seine pädophilen Sexgelüste auszuleben. Die einzige Gefahr ging für ihn von Hannas Familie aus, weil sie ihn durchschauen könnten. Daher musste er die Familie so gut wie möglich von ihnen fernhalten. Hanna musste er allerdings bei Laune halten, da sie seine Fahrkarte für die Freiheit war. Immerhin war er nur auf Bewährung aus dem Gefängnis freigekommen und durfte sich nichts zu Schulden kommen lassen. Der sexuelle Missbrauch eines Kindes passiert niemals aus Versehen, sondern wird immer aus langer Hand vorbereitet. Bei Martha war es noch leichter für ihn, weil sie eben ein Kind war, das von Erwachsenen abhängig war und einen traumatischen Verlust durch den Tod ihres Vaters erlitten hatte. Dazu spielten Herbert auch der Tod der Schildkröte und die Trennung von Rex in die Hände, weil Martha erlebte, dass nichts wirklich verlässlich bei ihr blieb und sie immer wieder eine Trennung erlebte. Na klar glaubte sie ihm sofort, dass ihr die Mutter genommen werden könnte, wenn sie nicht lieb ist. Sie fühlte sich sowieso für den Tod ihres Vaters verantwortlich, weil sie an seinem Todestag das erste Mal böse im Kindergarten gewesen war und ein Kind geschlagen hatte. Nur dass ihr Vater sich selbst das Leben genommen hatte, das hatte sie bis dahin nicht gewusst. Die Tatsache machte es noch schlimmer für sie, weil sie jetzt wirklich dachte, dass er wegen ihr gestorben sei. Weil sie nicht lieb genug gewesen war.

Herbert arbeitet wieder

An diesem Abend kam Hanna mit einer guten Nachricht nach Hause. Sie hatte einen Job für Herbert in einer Fabrik ganz in der Nähe gefunden. Er musste da am Fließband arbeiten, das gefiel ihm nicht, aber sein Bewährungshelfer machte ihm eindringlich klar, dass es nötig ist, eine Arbeit vorzuweisen. Ja, das sah er ein! Zu mindestens erstmal! Für Martha begann wieder eine gute Zeit! Herbert war endlich wieder arbeiten, Oma kam wieder und verbrachte die Nachmittage mit ihr. Abends aßen sie zusammen und dann ging Oma nach Hause. Hanna gab einen ihrer drei Jobs auf und hatte wieder mehr Zeit für ihre Tochter. Martha verabredete sich wieder mit ihren Freundinnen und ging wieder zum Sport. Nur Herbert wurde immer unzufriedener und trank jetzt ganz offen seine Biere. Den Stress mit Hanna nahm er in Kauf. So vergingen einige Wochen, in denen Martha Ruhe vor ihm hatte. Zu Martha suchte er immer wieder die Nähe, um sie wenigstens mal kurz intim zu berühren. An einem Samstagabend, als Martha gerade in der Wanne lag, kam er zu ihr ins Bad und kniete sich vor die Wanne. „Ich werde verrückt, wenn ich dich nicht anfassen kann", flüsterte er. „Geh weg!", sagte sie, „Mama ist doch da." – „Die schicke ich mal kurz zum Kiosk", grinste er. Er ging kurz raus und sprach mit Hanna. Martha hörte die Haustür ins Schloss fallen. Herbert kam zurück ins Badezimmer und kniete sich wieder vor die Wanne, krempelte seine Ärmel hoch, hielt seinen Arm ins Wasser. Zuerst streichelte er ihre Beine, tastete sich aber schnell zu ihrer Scheide weiter. Martha presste ihre Beine zusammen, das schien ihn aber noch mehr anzumachen und er zwängte seine Hand fest dazwischen und rieb an ihrem Kitzler, um sie zum Höhepunkt zu bekommen. Martha versuchte ihn abzuwehren, da lachte er und meinte: „Komm, stell dich mal hin!" Dann hob er sie aus der Wanne, zog ihr den Bademantel an und trug sie aufs Sofa. „Mama kann doch jeden Moment kommen", sagte sie. „Die hat keinen Schlüssel und muss klingeln. Da bleibt uns genug Zeit, dich schnell wieder in die Wanne zu bringen", erwiderte er, als er schnell seine Hose runterzog. Er kniete sich

vors Sofa und begann wie immer mit Scheide lecken. „Jetzt machen wir da weiter, wo wir vor so langer Zeit aufhören mussten, mein Engel." Er rieb sein erigiertes Glied an ihrer Scheide und drückte es langsam ein Stück rein. „Aua", rief sie, aber er war schon viel zu geil, um aufzuhören. Er steckte seine Eichel so weit rein, dass er alles in ihre Vagina spritzen konnte. „Das war ein Superorgasmus, mein Schatz!" Herbert war sichtlich gut drauf. „Nun schnell in die Wanne zurück, mein kleiner Teufel. Wie schaffst du es nur, mich immer so geil zu machen?" Er küsste noch schnell ihre Brustwarzen, als es endlich an der Tür klingelte. Martha war wie betäubt. Mama rief fröhlich: „Na mein Schatz, bist du irgendwann mal fertig? Ich muss mal auf die Toilette." Sie konnte ihrer Mutter nicht antworten, weil die dann gehört hätte, dass sie weinte, und das sollte sie nicht hören. Am Sonntagmorgen verkündete Hanna, dass sie am Nachmittag bei einer Arbeitskollegin eingeladen ist. Martha lief ein eiskalter Schauer über den Rücken, denn sie wusste, was das für sie bedeutete. „Kann ich dann Oma besuchen?", fragte sie zaghaft. Hanna schaute zu Herbert, der gleich seine Chance erkannte und vorschlug: „Ich dachte, wir beide machen uns einen schönen Spielenachmittag! Wir könnten ‚Mensch ärgere dich nicht' spielen oder so." Hanna war begeistert, sie freute sich sosehr, dass Herbert seine Stiefvateraufgaben so gut meisterte. Martha sagte nichts mehr und legte sich auf ihr Bett, wo sie sich in ihre Bücher vertiefte. Bis Hanna kurz ihren Kopf durch die Tür steckte und sich verabschiedete. Kaum lief die Wohnungstür ins Schloss, kam der geile Sack auch schon zu ihr. Alles wie immer! Nur diesmal war er nicht zu bremsen und stieß sein großes Glied ganz in sie hinein. Martha bäumte sich schmerzerfüllt auf, es fühlte sich so an, als ob ihr Körper von innen aufgerissen würde! Er verharrte kurz, küsste sie auf die Stirn und hauchte aufgeheizt: „Alles gut, Prinzessin, es tut nur beim ersten Mal so weh! Gleich wird es besser!" Martha war wie erstarrt vor Schmerzen! Langsam begann er sein dickes Glied raus- und reinzubewegen. Martha dachte, dass sie jetzt sterben würde. Sie schloss die Augen und spürte seinen heißen Atem, der sich über ihrem Gesicht verteilte. Der Geruch von ihm und

sein ekelhaftes Stöhnen lösten einen Würgereiz in ihr aus und sie glaubte, daran zu ersticken. Es fühlte sich wie eine Ewigkeit an! Raus und rein! Raus und Rein! Endlich war er kurz vorm Orgasmus, das konnte sie an seinem Stöhnen erkennen. War ja immer so, nur dass es ihr diesmal so unsagbare Schmerzen bereitete. „Nun mach schon!“, dachte sie. „Nun mach endlich!“ Als er endlich zum Höhepunkt kam und von ihr abließ, rollte sie sich zur Seite und zog ihre Beine schmerzerfüllt an ihren Bauch. Er streichelte ihr übers Haar und meinte selbstgefällig: „Das wird schon! Bald tut es nicht mehr weh!“ – „Du Arschloch!“, dachte sie, während die Tränen über ihr Gesicht liefen. „Oh, wir müssen schnell die Bettlaken waschen! Du hast etwas geblutet!“ Jetzt sah sie, dass das Laken blutig war, und sprang entsetzt auf. Sie konnte nicht aufrecht stehen, weil die Schmerzen so stark waren. Blut lief an ihren Beinen hinunter. „Oh, Prinzessin!“, rief er und trug sie unter die Dusche, um sie sauber zu machen. Dann hüllte er sie in ihren Bademantel und trug sie ins Bett. Er steckte ihr ein paar Taschentücher zwischen die Beine und bezog das andere Bett neu. „Wir sagen deiner Mutter, dass du dich übergeben hast! Okay?“ Dann kam er wieder zu ihr und kontrollierte die Taschentücher. „Na siehst du, es hat schon aufgehört zu bluten!“ Seine Hände streichelten ihren Körper und er liebkoste ihre Brustwarzen. Die Schmerzen blieben tagelang, sodass sie nur mit großer Mühe Fahrrad oder Rollschuh fahren konnte. Auch der Sportunterricht war kaum auszuhalten, weil der Unterleib einfach so sehr schmerzte. Trotzdem versuchte sie alles halbwegs gut mitzumachen. Nach ein paar Tagen wurde es langsam besser.
Gott sei Dank ging Hanna sehr selten am Wochenende weg und so hatte Martha wieder ihre Ruhe, bis auf die kurzen intimen Berührungen zwischendurch. Sie hasste Herbert so sehr! Er widerte sie so an, dass ihr immer schlecht war, wenn sie ihn anschauen musste. Warum verschwand er nicht einfach aus ihrem Leben?
Eines Montagsnachmittags kam Herbert früher nach Hause als sonst und ging gleich ins Schlafzimmer durch. Er brabbelte, dass er seine Ruhe brauche. Oma und Martha sahen sich an

und ahnten, dass er seinen Job hingeschmissen hatte. Sie sollten leider recht behalten! Als Hanna nach Hause kam, erzählte er ihr die Geschichte. Natürlich hatte man ihm wieder unrecht getan und er sah sich nicht in der Lage, da auch nur einen Tag je wieder hinzugehen. Also war er wieder arbeitslos und den ganzen Tag zu Hause.
Für Martha bedeutete dies, dass er unter der Woche fast täglich mit ihr schlief! Tatsächlich spürte sie bald wirklich keine Schmerzen mehr, weil sie gelernt hatte, sämtliche Gefühle abzuschalten. Sie ließ alles über sich ergehen. Nur eins tat sie nie! Sie vollzog nie irgendwelche Handlungen an ihm! Da konnte er lange drauf warten! Mit der Zeit wurde ihr die Situation immer vertrauter, und so wusste sie, dass er sie niemals sichtbar verletzen würde. Wenn er sie nur einmal richtig verprügelt hätte, dann hätten alle sehen können, was für ein brutales Schwein er war. Sein krankhaftes Verlangen nach dem Kind bestimmte Marthas Leben. Nur die Wochenenden waren einigermaßen sicher, vor allem auf dem Campingplatz war es für sie sehr schön, da er dort keine Gelegenheit hatte, an sie ranzukommen. Für Herbert war diese Zeit nicht ganz so schön! Der geile Bock hatte halt immer nur Sex im Kopf! Dafür trank er das ganze Wochenende Bier und war schon gleich nach dem Frühstück betrunken. Martha gefiel das, weil er so keine Gefahr für sie war. Er war damit beschäftigt, sich seinen Körper halbwegs unter Kontrolle zu behalten. Hanna und Martha ließen ihn machen, was er wollte. und gingen beide schwimmen, spielten am kleinen Strand mit Harry oder aßen ein Eis zusammen. So plätscherten die Monate vor sich hin. Unter der Woche musste sie ihren Stiefvater über sich ergehen lassen und seinen Sexfantasien zur Verfügung stehen. Martha wehrte sich kaum noch, weil es so schneller ging und sie dann wieder ihre Ruhe hatte. Herbert versuchte sie immer mal wieder zu Handlungen an seinem Glied zu zwingen, aber sie konnte sich so ungeschickt anstellen, dass er dieses Vorhaben bald aufgab. Als er seinen steifen Penis mal versuchte in ihren Mund zu schieben, hatte sie ihn so fest in seine Eichel gebissen, dass sie zwar eine gelangt kriegte, aber ihm für ein paar Tage die Lust vergangen

war. Ein anderes Mal sollte sie ihn mit ihren Händen verwöhnen, da kratzte sie ihn mit ihren Fingernägeln so stark, dass sein Glied leicht blutete. Das Schöne daran war, dass er sich ja nirgends beschweren konnte, da sein Geheimnis dann ja aufgeflogen wäre. Also versuchte er es kaum noch und vergewaltigte das Kind fast täglich. Martha hatte schon längst begriffen, dass ihr Körper ihm gehörte, und wenn er seinen Orgasmus hatte, stand sie auf, ging in ihr Zimmer zu Harry oder nach draußen zu ihren Freundinnen.

Nach ein paar Monaten fand Hanna den nächsten Job für Herbert. Diesmal in seinem gelernten Beruf als Schweißer. Er freute sich sehr darüber! Und alle freuten sich mit ihm, vor allem Martha. Endlich durfte Oma wieder zu ihnen kommen und sich um Martha kümmern. Endlich wieder Fröhlichkeit und etwas mehr Sicherheit vor seinen Übergriffen. Hanna gab ihren Job als Putzfrau auf und war immer lange vor ihm zuhause. Alles lief unbeschwert und gut. Er verging sich nur noch ganz selten an dem Mädchen, weil es kaum Gelegenheiten für ihn gab. Martha blühte auf und wurde in der Schule wieder viel besser. Sie ging wieder regelmäßig zum Sport und traf sich mit ihren Freundinnen.

Was war geschehen?

Hanna hatte wieder einen Job für Herbert gefunden, dem er aber erwartungsgemäß nicht lange standhielt. Warum? Weil er es auch gar nicht wollte! Wie gesagt, ihm ging es in der Arbeitslosigkeit ziemlich gut und er konnte seine sexuellen Neigungen nachgehen. Da er immer noch auf Bewährung war, zwang ihn sein Bewährungshelfer, einen neuen Job anzunehmen. Das machte ihn sehr unzufrieden und er tröstete sich dann gerne mit Alkohol. Das gab zwar mit Hanna Stress, aber das störte ihn wenig. Mittlerweile hatte er Martha langsam auf den Geschlechtsverkehr vorbereitet und genoss den Körper des Kindes, wann immer er wollte. Martha verstand langsam auch, dass ihr Körper nicht mehr ihr gehörte, sondern Herbert. Sie verstand, dass ihr niemand glauben würde und hatte große Angst, ihre Mutter zu verlieren, wenn sie etwas erzählen würde. Da sie schon

ihren Vater verloren hatte, glaubte sie den Lügen ihres Peinigers. Sie hatte gelernt, sämtliche Gefühle einzufrieren, um so die Schmerzen nicht mehr wahrzunehmen. Sie hatte gelernt, dass Gegenwehr nichts bringt, sondern die Sache in die Länge zog. Also ließ sie es einfach über sich ergehen!

Die Hochzeit

An diesem Wochenende fuhren sie wieder zu seinen Eltern nach Friedland und nahmen Sekt mit, weil sie etwas verkündigen wollten. Sie taten sehr geheimnisvoll! Als sie ankamen, stellten sie den Sekt erstmal kalt und setzten sich an den Kaffeetisch. Martha war schon sehr gespannt und ahnte nichts Gutes, zu mindestens für sich. Dann war es endlich soweit! Herbert sah Hanna verliebt an und meinte: „Wir werden heiraten!" Oma und Opa sahen sich sprachlos an. Martha wusste auch nicht, was sie sagen sollte. Aber da knallte schon der Sektkorken und riss sie aus den Gedanken. „Na, das sind ja großartige Nachrichten!", strahlte sein jüngster Bruder. Dann wurden die Gläser gereicht und Hanna teilte mit, dass sie bereits in drei Monaten heiraten wollten und Opa Peter der Trauzeuge sein sollte. Von nun an drehte sich alles nur noch um die Hochzeit! Hannas Familie war nicht so erfreut von den Hochzeitsplänen, sie meinten, Hanna sollte sich das nochmal gründlich überlegen. Hannas Mutter sollte die zweite Trauzeugin sein und sagte trotz ihrer Bedenken zu. Die Hochzeit wurde im kleinen Rahmen gefeiert und das Brautpaar fuhr in die Flitterwochen. Oma zog so lange bei ihnen ein und machte es sich mit Martha und Harry richtig schön. Als die frisch Vermählten zurückkamen, hatten sie beschlossen umzuziehen. Martha bekam einen Riesenschreck! „Aber ich will bei Oma in der Nähe bleiben!" Hanna nahm ihre Tochter in den Arm und sagte: „Natürlich bleiben wir hier in der Nähe, wir suchen nur eine größere Wohnung." Oma und Martha waren sichtlich erleichtert. „Willst du deine Mutter nicht schnell nach Hause fahren?", unterbrach Herbert

das Gespräch. „Ja, das ist eine gute Idee“, meinte Hanna und machte sich mit Oma auf den Weg.
„Na, mein Engel, hast du mich denn auch vermisst?“ Herbert zog sich Martha auf den Schoß. Martha starrte ihn an und schüttelte mit dem Kopf. „Na, das ist aber nicht nett von dir mein Engel!“ Dabei grabschte er mit seinen Händen unter ihren Pullover und rieb an ihren Brüsten. Martha versuchte ihn wegzuschubsen, aber natürlich kam sie immer noch nicht gegen ihn an. „Wir müssen uns beeilen! Sie ist ja gleich wieder zurück!“ Er öffnete ihre Hose und zog sie hastig aus. Dann zog er seine aus und zeigte ihr sein steifes Glied. „Geil, oder?“, grinste er. Er rieb ein bisschen mit seinem Penis an ihrer Vagina und drang lustvoll ein. Martha biss sich vor Schmerzen auf die Zähne, gab aber keinen Ton von sich. Herbert kam sehr schnell und keuchte dabei: „Ich habe dich so vermisst, mein Liebes!“ Martha hasste ihn und seine fleischigen Finger! Alles an ihm widerte sie an! Warum hatte er nur in ihr Leben kommen müssen? Sie wollte sterben und bei ihrem Vater sein! Aber Harry wollte sie nicht allein zurücklassen, weil sie ihn so sehr liebte.
Ein paar Tage später hatten sie tatsächlich eine Wohnung ganz in der Nähe gefunden. In einem Zweifamilienhaus zogen sie in die gesamte obere Etage mit eigenem Dachboden. Wenn man die Wohnungstür öffnete, stand man erstmal vor einer steilen Holztreppe, die in die Wohnung führte. Diese hatte drei Schlafzimmer, eine große Küche, ein kleines Bad und ein riesengroßes Wohnzimmer. Das Badezimmer lag zwischen einem Schlafzimmer und der Küche, diese Zimmer bekam Martha. Herbert und Hanna nahmen das Zimmer auf der anderen Seite der Wohnung und das Zimmer, das dazwischen lag, wurde ein Gästezimmer. Die ersten Wochen wären wirklich schön gewesen, wenn Herbert nicht dauernd Sex hätte haben wollen. Da er nach wie vor zur Arbeit ging und Hanna immer vor ihm zu Hause war, hatte er nicht viel Gelegenheit, mit Martha allein zu sein. Daher versuchte er abends immer Hanna mit dem Hund rauszuschicken und sorgte dafür, dass sie keinen Schlüssel mitnahm. Dann kam er schnell zu ihr ins Zimmer und vergewaltigte das Mädchen. Da nur sehr wenig Zeit war, musste er schnell zum Orgasmus

kommen. Das nannte er dann einen Quickie. Das ging wirklich schnell und wenn sie danach nicht immer solches Bauchweh gehabt hätte, hätte sie es für einen schlechten Traum gehalten. Bald reichte ihm das aber nicht mehr! Zwei- bis dreimal die Woche reichte ihm die schnelle Nummer, wie er es auch nannte, nicht und er kam noch zu ihr. „Was ist, wenn Mama wach wird?", flüsterte Martha. „Keine Angst mein Engel, ich habe ihr Schlaftabletten gegeben! Die schläft wie ein Stein!" Martha musste manchmal die halbe Nacht mit ihm verbringen! Wie sie ihn abgrundtief hasste! „Deine Brüste werden immer schöner, mein Schatz! Du bist richtig gut entwickelt für dein Alter", hauchte er, als er ihre Brüste lustvoll knetete. „Du wirst ja auch bald schon zehn Jahre alt, meine süße Prinzessin." Er saugte an ihrer Brust, als ob er sie in sich hinein saugen wollte. Ekelhaft! „Der Mann, der dich später mal bekommt, kann echt glücklich sein! Ich habe dir schon so viel schöne Dinge beigebracht! Wirst sehen, irgendwann hast du auch Spaß dabei." Martha bewegte sich einfach nicht und tat so, als ob sie ihn nicht hören würde. Sie zählte in Gedanken mit, wie oft sich sein Schwanz in ihren Bauch bohrte, und stellte sich vor, ihm bei jedem Stoß ein Messer in seinen Bauch zu rammen. Sie hoffte, dass ihre Brüste einfach mal aufhören würden zu wachsen. Warum war sie nur kein Junge geworden?! Sie hasste ihren Körper abgrundtief! Die Nummer mit den Schlaftabletten machte er jetzt regelmäßig und Hanna wunderte sich, dass sie immer so tief und gut schlafen konnte. Sie fühlte sich fit. Martha hatte aber Angst um ihre Mutter, weil sich befürchtete, dass sie irgendwann nicht mehr aufwachen würde. In der Schule wurde sie wieder schlechter, da sie nachts kaum zum Schlafen kam, da Herbert sich nachts richtig viel Zeit für sie nahm und sie mehrmals pro Nacht vergewaltigte. Auf jeden Fall wollte die Lehrerin mit Hanna reden, weil sie sich Sorgen um Martha machte. Natürlich wollte Herbert da mitgehen und heuchelte den besorgten Stiefvater vor. Sie redeten von Papas dramatischen Tod und wie schwer alles für das arme Kind sein musste. Herbert versprach Unterstützung bei den Hausaufgaben und beim Diktat üben. Ja, er hatte die Lehrerin von sich überzeugt und Martha fühlte sich

wieder so unendlich allein. Es war ihr schleierhaft, wie er immer wieder alle Menschen von sich überzeugte. Na okay, reden konnte er ja gut! Dass es alles Lügen waren, konnten sie ja nicht wissen. Jedenfalls musste sie von diesem Tag an immer nach dem Abendessen mit dem Monster Diktat üben. Hanna machte derweil den Abwasch und Wäsche und sowas. Martha saß dazu an ihrem Schreibtisch und Herbert dicht dahinter. Während er ihr die Wörter diktierte, machten seine Hände sich unter ihrem Pullover zu schaffen. „So kann ich nicht schreiben!“, versuchte sie ihn abzuwehren. Herbert umfasste mit jeder Hand eine ihre zarten Brüste, drückte Martha fest mit dem Rücken an die Stuhllehne und küsste ihren Hals. „Das wird schon gehen! Wir werden das zusammen üben! Ein bisschen Spaß soll es ja auch machen!“ Jetzt schob er ihren Pullover bis über ihre Brüste und wanderte mit seinen Händen über ihren Bauch bis zur Hose runter. Er öffnete den Knopf, zog den Reißverschluss auf und schob eine Hand in ihren Schlüpfer. Da es ziemlich eng in der Hose war, hauchte er in ihr Ohr: „Rutsch ein bisschen nach unten, dann komme ich besser an dich ran.“ Dabei schob er sie bestimmend ein Stück nach unten. Jetzt war er mit dem Finger an ihrem Kitzler und kreiste auf ihm. „Sag mir, wenn du kommst!“ Er kreiste weiter auf ihrem Kitzler und sabberte ihr dabei den Hals voll. „Ich hänge jetzt die Wäsche auf“, rief Hanna fröhlich. Wie ein Blitz zog er die Hand aus ihrer Hose und schob ihren Stuhl ganz dicht unter den Schreibtisch. Hanna blickte ins Zimmer und fragte: „Kommt ihr zurecht?“ – „Klar mein Schatz! Martha macht das richtig gut!“ – „Super! Ich bin kurz auf dem Dachboden.“ – „Okay, wir machen auch gleich Feierabend.“ Sie hörten Hanna die Holztreppe zum Dachboden hochgehen. „Na, da haben wir ja nochmal Glück gehabt! Du weißt ja, dass du ins Heim kommst, wenn sie uns erwischen sollte. Denn du bringst mich ja dazu, solche Sachen mit dir zu machen, weil du einfach so unsagbar geil bist! Und jetzt schnell die Hose runter, ich will dir meinen Saft geben!“ Er kniete sich vor sie und meinte: „Geil, das ist ja genau die richtige Höhe!“ Sein Pimmel war so groß und hart! Es tat wieder höllisch weh, aber er kam ganz schnell. „Meine geile Maus! Heute Nacht

bekommst du mehr! Wenn Mama schläft, komme ich und mach dich glücklich!“ Martha stürmte ins Badezimmer und versuchte sein Sperma aus ihrem Körper zu pressen, denn zum Duschen blieb keine Zeit, da Hanna jeden Moment runterkommen würde. Es stank einfach widerlich! In dieser Nacht wollte sie ihn nicht noch einmal ertragen müssen, sie wartete, bis alle im Bett waren, schlich sich leise in die Küche und holte den Hund zu sich ins Zimmer. Dann schloss sie sich mit ihm ein. Es dauerte nicht lange, da versuchte Herbert, die Tür zu öffnen. „Martha, hast du dich eingeschlossen? Komm, mach auf! Ich vermisse dich so sehr!“ Martha lag in ihrem Bett, den Hund fest an sich gedrückt und weinte leise. „Martha! Mach jetzt die Tür auf! Martha! Muss ich erst böse werden?“ Martha drückte den Hund noch fester an sich und versteckte sich mit ihm unter der Bettdecke. Herbert rüttelte an der Tür und tobte vor Wut. „Na gut, du Satansbraten! Das wirst du noch bereuen!“ Sie hörte, wie er wegging. Dann knallte die Schlafzimmertür. Martha weinte sich in den Schlaf. Durch ein sanftes Klopfen wurde sie wieder geweckt. „Mach auf, mein Schatz“, hörte sie die Stimme ihrer Mutter. Sie sprang aus dem Bett, schloss die Tür auf und ließ sich in die Arme ihrer Mutter fallen. „Was war denn los? Du hast dich doch noch nie eingeschlossen!“ – „Die ist doch genauso durchgeknallt wie ihr Vater!“, schrie er von hinten, während er zu ihnen angerauscht kam. Er schubste die beiden leicht zur Seite und zog den Kinderzimmerschlüssel ab. „Was soll denn das?“, wollte Hanna wissen. „Das ist nur zu Marthas Schutz! Oder willst du sie auch noch verlieren, so wie ihren Vater? Sie ist doch genauso durchgeknallt wie er!“ – „Mein Papa war nicht durchgeknallt!“, schrie sie Herbert an. „Du bist vollkommen verrückt und böse!“ Sie umklammerte ihre Mutter. „Keine Angst, mein Kind, Herbert wird sich gleich wieder beruhigen. Nicht wahr, Herbert?“ – „Ich meine es doch nur gut mit euch! Ihr seid doch alles, was ich habe!“, erwiderte er sanft. „Okay.“ Hannas Stimme wirkte unsicher, als sie sich zu Martha kniete. „Wir machen uns doch nur Sorgen um dich!“ – „Ich will, dass er weggeht“, flüsterte Martha. Herbert grinste sie hämisch an und meinte: „Wisst ihr was? Ich ziehe jetzt einfach von allen

Türen die Schlüssel ab! So ist es für alle gerecht!" – „Aber vom Badezimmer den Schlüssel nicht, sonst weiß ja keiner, wenn jemand auf der Toilette ist", sagte Martha. „Doch, die auch! Wir sind doch eine Familie und es wird dir niemand etwas weggucken oder hat die Prinzessin Geheimnisse auf der Toilette?", lachte er hämisch. Martha drückte sich noch fester an ihre Mutter und schaute ihn bitterböse an. „Oh, jetzt habe ich aber Angst vor dir!" Lachend ging er in die Küche. Während des Frühstücks grinste er immer wieder arrogant zu ihr rüber und als Hanna kurz auf der Toilette war, fasste er ihre Hand fest an und sagte: „Heute Nacht nehme ich mir ganz viel Zeit für dich!" Dann leckte er ihre Finger ab, einen nach dem anderen. Martha hätte ihm am liebsten den heißen Kaffee ins Gesicht geschüttet. Als ihre Mutter aus dem Bad kam, sprang Martha auf und rannte ins Badezimmer, um sich seinen Speichel von den Händen zu waschen. Sie nahm immer wieder viel Seife, weil sie sich so dreckig fühlte. Als sie im Bad war konnte sie das Gespräch der beiden hören, in dem es um die Badezimmerschlüssel ging. Hanna meinte, dass der Schlüssel bleiben muss, um die Intimsphäre zu gewähren, aber Herbert tat sorgenvoll, er habe Angst, dass Martha sich im Bad das Leben nehmen könnte. Natürlich überzeugte er Hanna von seiner Meinung. Der Tag verlief normal, sie machten sich einen gemütlichen Samstag, nur Martha graute schon vor der Nacht. Als sie alle zu Bett gingen, brachte Herbert für Hanna eine Gutenachtdrink ins Schlafzimmer und meinte, dass der leckere Drink am Bett auf sie warten würde. „Oh, vielen Dank, mein Schatz, ich komme sofort." Hanna freute sich darüber. „Mama, trink das bitte nicht!" Hanna küsste ihre Tochter auf die Stirn und meinte, dass sie sich keine Sorgen machen brauchte. Es sei alles in Ordnung. Als Martha im Bett lag, lauschte sie, wann sie seine Schritte hören würde. Im Haus war es jetzt ganz still! Nach einer Weile hörte sie seine Schritte immer näherkommen und die Zimmertür öffnete sich langsam. Diesmal kam er gleich ganz nackt zu ihr ins Bett. „Heute habe ich ganz viel Zeit für dich! Deine Mutter schläft tief und fest. Wir müssen ja auch die letzte Nacht noch nachholen!" Diesmal war er sehr brutal und stieß seinen

harten, großen Schwanz sofort in sie hinein. Martha wollte vor Schmerzen schreien, aber er hielt ihr vorsorglich sofort den Mund zu. Er kam sehr schnell und nachdem er seinen Saft, wie er es gerne nannte, in sie gespritzt hatte, legte er sich neben sie und hielt mit der linken Hand ihre Muschi fest. „Wir sind noch nicht fertig, das war nur die Strafe fürs Einschließen." Jetzt kniete er sich vor das Bett und steckte die Finger in ihre Scheide! Erst einen, dann zwei, drei und schließlich seine ganze große Hand. „Oh, wie geil das ist!", stöhnte er dabei. Martha wimmerte leise vor sich hin, aber das merkte er in seine Geilheit gar nicht. Er drehte seine Hand langsam in ihrem Bauch hin und her. Martha dachte, jetzt reißt er ihr ihren Unterleib auseinander! „Ich glaube das reicht für heute!", hauchte er und zog seine Hand langsam wieder heraus. Dann leckte er genüsslich seine Finger ab und meinte, wie lecker sie schmecken würde. Danach drang er mit seinem steifen Schwanz in sie hinein und verschaffte sich seinen Orgasmus. Diesmal fühlte sich sein Schwanz viel kleiner an als sonst.

Endlich waren Sommerferien, sie fuhren zu seinen Eltern und Martha durfte zwei Wochen ganz allein dortbleiben. Sie freute sich da riesig drauf! In der Nacht vor der Abreise kam Herbert natürlich nochmal zu ihr und verging sich mehrere Male an dem Kind, weil er ja zwei Wochen auf den Sex mit ihr verzichten musste.

Die zwei Wochen bei Oma Frieda waren auf jeden Fall superschön und Martha hatte Ruhe vor ihm. Kurz vor ihrem Geburtstag holten Hanna und Herbert sie wieder ab, weil sie ihn mit Paul, Mia, Hannes und Oma feiern wollte. In der vor ihrem Geburtstag kam er nicht zu ihr ins Bett und sie hatte die leise Hoffnung, dass er sie vielleicht ab jetzt in Ruhe lassen würde. Wie dumm dieser Gedanke war, zeigte sich gleich am folgenden Tag, ihren Geburtstag. Nachdem sie einen großartigen Tag mit der Familie verbracht hatten, kam er nachts splitterfasernackt zu ihr ins Bett und meinte, dass sie ja noch ihr ganz persönliches Geschenk bekommen musste.

Was war geschehen?

Herbert hatte nach und nach alle Skrupel gegenüber Martha verloren! Sie war für ihn ausschließlich zum Sexobjekt geworden und diente zu seiner Befriedigung. Nach der Hochzeit mit Hanna fühlte er sich vollkommen sicher. Seine Übergriffe wurden immer brutaler und er schreckte auch nicht davor zurück, Hanna mit Schlaftabletten aus dem Verkehr zu ziehen. Martha hatte sich mit der Situation abgefunden und ließ es einfach über sich ergehen. Es war hoffnungslos für sie, weil er einfach zu viel Macht über sie hatte. Martha dachte oft darüber nach, dass es besser wäre, wenn sie einfach Tod wäre und so endlich bei ihrem Vater.

Der Unfall

Die Wochen vergingen und alles lief so vor sich hin. Bis Herbert eines Nachmittags nicht nach Hause kam und Hanna schon ganz unruhig wurde, weil sein Kollege ihn immer pünktlich nach Hause fuhr, da es für ihn auf dem Weg lag. Nach einer gefühlten Ewigkeit rief Herbert an und berichtete von einem tödlichen Arbeitsunfall. Hanna und Martha fuhren sofort zur Arbeitsstelle, um Herbert abzuholen. Es stellte sich heraus, dass Herbert mit seinem Kollegen auf einem Silo Schweißarbeiten gemacht hatte und sein Kollege irgendwie abgerutscht war. Herbert hatte wohl noch seine Hände erwischt, ihn aber nicht lange halten können, sodass der Kollege in die Tiefe gestürzt war. Herbert hatte einen Schock erlitten und wollte da nie wieder arbeiten. So war er wieder arbeitslos! Für Martha machte es keinen Unterschied, ob er zu Hause war oder nicht, weil er ja eh nachts zu ihr kam. Nur trank er jetzt viel mehr Alkohol, was ihr gut gefiel, weil er dann nicht mehr so oft einen hochbekam und sie so mehr Ruhe vor ihm hatte. Aber Sex wollte er immer noch mehr als genug, jetzt oft auch wieder gleich nach der Schule. Öfters stand er schon nackt an der Treppe und wedelte ihr mit seinem Schwanz entgegen. Da er richtig viel Alkohol trank, schaffte er oft den Haushalt nicht und bekam Streit mit

Hanna, die ja wieder mehrere Jobs hatte, damit Geld reinkam. Als er irgendwann nur noch betrunken war, machte er einen Alkoholentzug, weil Hanna das von ihm verlangte. Der dauerte ein paar Wochen, in denen alles wieder entspannt und sicher war und Martha hoffte, dass sie jetzt für immer seine Ruhe vor ihm hätte. Als er wieder zurückkam, schien es auch gut zu laufen, weil Herbert motiviert war, wirklich nie wieder Alkohol zu trinken. Hanna war glücklich! Nach ein paar Wochen ließ diese Motivation wieder nach, aber er trank keinen Alkohol. Dafür rauchte er unentwegt und wollte dauernd Sex. Für Martha war es schlimmer als je zuvor! Meistens ließ er erst von ihr ab, wenn er drei Orgasmen gehabt hatte. Das Mädchen hatte mittlerweile ihre Periode bekommen und er musste gut aufpassen, dass nichts passierte, und führte für sie den Menstruationskalender. Da während der Menstruationsblutung nichts passieren kann, wie Herbert es Martha erklärte, musste sie ihm auch während ihrer Regelblutung zur Verfügung stehen. An diesen Tagen meistens im Badezimmer, unter der Dusche oder am Waschbecken, wo er sie von hinten nahm und sie sich am Beckenrand festhalten konnte. Am liebsten hätte er seinen Schwanz in ihren Po gesteckt, was er auch immer wieder versuchte. Das tat Martha aber so weh, dass sie immer laut schrie und er ihr von dieser Position aus schlecht den Mund zuhalten konnte. Da die Vermieter unter ihnen im Haus wohnten und die Frau immer zuhause war, hatte Herbert Angst, sie könnte was hören. Martha hatte keine Kraft mehr, sich gegen ihn zu wehren. An manchen Tagen konnte sie kaum aufstehen vor Schmerzen und langsam war ihr alles egal. Er war so widerwärtig! Das Mädchen hatte solche Schmerzen, das sie es nicht mehr vor ihrer Mutter verbergen konnte. Ihre Mutter wollte beim Abendessen wissen, was mit ihr los war: „Martha, du hast doch schlimme Schmerzen, oder?“ Martha nickte und fing an zu weinen. Herbert spürte die Gefahr, dass sie jetzt alles erzählen würde! Er nahm den Hund auf seinen Schoß und meinte verlogen: „Komm, erzähle mal alles!“ Dabei legte er seine beiden Hände um den Hals des Hundes und tat so, als ob er zudrücken würde. Da Hanna sich zu ihrer Tochter gedreht hatte, konnte sie

das nicht sehen. Martha verstand ihn dafür sofort und wusste, dass er dem Hund weh tun würde, wenn sie jetzt redete. „Was ist denn los?“, bohrte Hanna weiter. „Soll ich mal sagen, was los ist?“, fragte er lieb lächelnd. Hanna drehte sich zu ihm um: „Weißt du denn was?“ Hanna war sichtlich erstaunt! Martha auch! „Unsere kleine Maus hat sich wohl zum ersten Mal verliebt! Sie wurde gesehen, wie sie einen älteren Jungen geküsst hat!“ – „Das stimmt doch überhaupt nicht!“, schrie sie ihn an. „Na, na, Prinzessin! Wer laut wird, hat unrecht!“, erwiderte er arrogant. Martha schaute ihre Mutter an: „Das stimmt wirklich nicht, Mama.“ Hanna nahm ihre Tochter in den Arm. „Das ist doch alles in Ordnung, mein Schatz. Du musst dich doch nicht schämen! Aber warum hast du deswegen Bauchweh?“ – „Mensch Hanna!“, funkte er dazwischen. „Welcher vernünftige Mann will denn ein kleines Mädchen zur Freundin haben?“ Martha fing an zu weinen. „Kannst du uns bitte mal einen Moment allein lassen?“, bat sie ihren Mann. „Na klar, ich wollte mir eh mal in Ruhe den Hund angucken! Der gefällt mir gar nicht! Nicht das er schwer krank ist oder so“, dabei sah er Martha fest in die Augen. Sie hatte ihn verstanden, drückte ihre Mutter schnell und meinte: „Ach, es ist schon alles wieder gut.“ – „Okay.“ Hanna wirkte erstaunt. „Dann können wir uns ja mal unsern Harry genau anschauen! Was meinst du denn, was ihm fehlt?“ – „Ach, ich glaube es geht ihm auch schon wieder besser!“, meinte er entspannt. „Ich denke, dass Martha mal eine Runde mit ihm drehen will. Oder?“ Sie nickte, nahm die Leine und ging mit dem Hund die Treppe runter. Draußen nieselte es, sie liebte den leichten Regen und ging eine große Runde. Der Regen lief sanft über ihr Gesicht und sie konnte wieder durchatmen. Was sollte sie nur tun? Herbert wurde immer gemeiner! Sie dachte immer öfters drüber nach, dass es besser wäre, wenn sie tot sein würde. Gott sei Dank sprang Harry sie an und wollte gestreichelt werden. Er war so süß und lieb. Außerdem konnte sie ihre Mutter nicht mit dem Monster allein lassen.
Ihre Mutter dachte auch noch über alles nach und meinte zu Herbert: „Meinst du, mit Martha ist wirklich alles in Ordnung? Sie sieht immer so traurig aus!“ – „Mach dir keinen Kopf, mein

Schatz!", ging er mitfühlend auf sie ein. „Ich passe doch auf die kleine Maus auf, auch wenn das nicht immer einfach ist!", lachte er. „Sie ist manchmal ganz schön aufmüpfig! Naja, sie ist ja auch mitten in der Pubertät." Er nahm Hanna in den Arm und küsste sie sanft. Ja, er hatte wahrscheinlich recht. Sie sah ihre Tochter ja kaum und war froh, dass er sich um alles kümmerte. Wenn er nur bald wieder einen neuen Arbeitsplatz finden würde, dann hätte sie wieder mehr Zeit für ihre Tochter.
Als Martha wieder nach oben kam, stand er mit einem Handtuch an der Treppe. „Komm, mein Engel, ich trockne dir deine Haare ab. Du bist klitschnass!" Hanna stand lächelnd neben ihm und beobachtete, wie fürsorglich er mit ihrer Tochter umging.
In dieser Nacht kam er wieder mal zu ihr und war noch erbost. „Wenn deine Mutter noch einmal mitbekommt, dass es dir nicht gut geht, wird Harry nicht mehr bei uns bleiben können. Ist das klar?" Martha nickte. „Ich werde dir heute nicht weh tun! Ich will dich nur anfassen und deine Muschi lecken. Du weißt ja, wie verrückt und geil du mich machst!" Diesmal verteilte er sein Sperma über ihren Brüsten, schmiss ihr Taschentücher zu und ging wieder ins Schlafzimmer. Martha musste sich von dem Spermageruch übergeben. Sie ekelte sich vor ihrem Körper, der ihr schon längst nicht mehr gehörte. Sie dachte an ihren Vater! Warum hatte er sich nur das Leben genommen? Warum konnte Herbert nicht einfach sterben?

Was war geschehen?

Auf den ersten Blick nichts Besonderes, zumindest für Martha, die ihm mittlerweile schon ein paar Jahre zur Verfügung hatte stehen müssen. Auch die Brutalität beim Sex hatte schon länger zugenommen. Der Tod seines Kollegen hatte ihn wahrscheinlich schon getroffen, aber was bei dem Unfall wirklich passiert war, wusste niemand so genau und Herbert wollte da auch nicht detaillierter drüber sprechen. Dass er wieder arbeitslos war, machte es für Hanna ziemlich schwer, da sie wieder kaum zu Hause war. Sie sorgte sich wegen des Alkoholismus ihres Mannes sehr und war erleichtert, dass er eine Entziehungskur gemacht hatte. Augenscheinlich lief es besser, nur dass er immer mehr Sex mit

Martha wollte, war für das Mädchen unerträglich. Als sie kurz davor war, alles zu erzählen, wurde eine weitere Stufe der Manipulation von ihm eingeleitet, die ihn vor möglichen späteren Konsequenzen bewahren könnte. Denn indem er die Lüge verbreitete, dass Martha verliebt sei, war er geschützt, falls Martha doch etwas erzählen würde oder zum Frauenarzt müsste. Warum? Weil sie ja keine Jungfrau mehr war und der Frauenarzt dies sehen würde. Mit dem imaginären Freund hatte er einen Sündenbock! Wenn Martha auch die Wahrheit sagen würde, würde ihr niemand glauben. Ein Mädchen in der Pubertät ist ja schnell mal verliebt und sowieso ziemlich schwierig. Dass er sie während ihre Regelblutung vergewaltigte, zeigte, dass er jeglichen Sinn der Fürsorge ihr gegenüber verloren hatte. Das er ihren Zyklus dokumentierte, war eigentlich unnötig, da Herbert sterilisiert war.

Herberts neue Freunde

Herbert ging seit seiner Entziehungskur zu den Anonymen Alkoholikern und lernte dort neue Freunde kennen. Zwei aus der Gruppe hatte er besonders ins Herz geschlossen. Manne und Detlef! Auf jeden Fall waren die beiden eines Tages, als Martha aus der Schule kam, bei ihnen in der Wohnung. Die Männer waren mit Fernsehen beschäftigt, als Martha unbemerkt in die Wohnung kam. Da sie fremde Stimmen hörte, steckte sie ihren Kopf durch die Wohnzimmertür und sah sie auf dem Sofa sitzen. Sie redeten komische Sachen, die sie schon öfters von Herbert gehört hatte. Sie wollte gerade die Tür wieder leise zumachen, als Herbert sie bemerkte. „Prinzessin, komm ruhig rein! Wir schauen uns nur einen geilen Film an." Er sprang auf, ging zu ihr und nahm sie an die Hand. „Das hier ist meine Prinzessin!", verkündigte er voller Stolz. Die Männer standen auf und kamen zu ihr. „Hallo, du Süße! Ich bin Manne und das ist Detlef." – „Nun gib ihnen mal deine Hand", forderte er das Kind auf. Sie streckte ihre Hand vorsichtig entgegen. „Du brauchst

in Ruhe, du Schwein!", rief sie und trat ihm mit dem Knie ans Kinn. Jetzt wurde er richtig wütend und zog sie an ihren Beinen vom Stuhl, sodass sie mit ihrem Kopf auf dem Teppich aufschlug. Ihr war ganz schwindelig, sie versuchte aufzustehen, aber er drückte sie mit einer Hand so fest auf den Fußboden, dass sie sich nicht losreißen konnte. Mit der anderen Hand zog er seine Hose ein Stück runter und drang brutal in sie ein. Während der Vergewaltigung hielt er ihren Mund so fest zu, dass sie glaubte, zu ersticken. Als er endlich fertig war, musste sie nach Luft ringen und lange Husten. Dann entschuldigte er sich bei ihr und ließ sie allein zurück, nur der Hund blieb an ihrer Seite. Martha kauerte sich mit ihm auf den Fußboden, drückte ihn fest an sich und weinte. Keine Ahnung, wie lange sie so dalagen. Irgendwann machte er die Tür auf und meinte, dass sie sich langsam anziehen sollte, weil Mama gleich nach Hause kommen würde. Sie stand auf und ging unter die Dusche. Ihre Scheide brannte wie Feuer und beim Pipimachen hatte sie Schmerzen, aber sie erzählte niemanden davon.

Als Hanna endlich nach Hause kam, nahm Martha sie ganz fest in den Arm und sagte ihr, wie lieb sie sie hätte. „Komisch", säuselte Herbert, „sowas sagt sie zu mir nie!" – „Du bist ja auch nicht mein Vater!", sagte sie trocken. Da kullerten ihm die Tränen über die Wangen: „Siehst du, wie gemein deine Tochter zu mir ist?" Martha blickte ihn hasserfüllt an. Hanna nahm ihn tröstend in die Arme „Das hat sie doch nicht so gemeint, oder?" Hanna blickte ihre Tochter erwartungsvoll an. „Nein, das habe ich nicht so gemeint." – „Na, dann nehmt euch ganz schnell in die Arme", lachte Hanna. Als er das Kind viel zu fest an sich drückte, flüsterte er ihr ins Ohr: „Siehst du, dass dir niemand glauben wird?" Beim Abendessen sprachen sie über die Sommerferien und dass Martha bald dreizehn wird. „Darf ich in den Ferien wieder zu Oma Frieda und Opa Peter fahren?", wollte Martha wissen. Hanna schaute Herbert an und der meinte nur: „Wenn sie bis dahin lieb ist!" – „Das ist sie doch immer!", versuchte Mama die Situation zu entspannen.

Am nächsten Tag waren die Männer wieder da! Detlef schenkte ihr ein Stofftier und fragte: „Na, guckst du heut mit uns den

Martha wollte nur noch von zuhause weg. Sie zog sich leise ihre Schuhe an, schnappte Harry und schlich die Treppe runter. Ihr Fahrrad stand auf dem Hof. Sie setzte Harry in seinen Fahrradkorb und radelte los. Sie fuhr in den Stadtwald bis zu einer Brücke. Dort hielt sie an, nahm ihren Hund auf den Arm und beobachtete, wie die Züge unter ihnen entlangsausten. Die Gedanken kreisten durch ihren Kopf, was hatte sie zu verlieren? Wer würde sie vermissen? Ihr Leben bestand aus Sex und Demütigungen! Sie sah keinen Ausweg und wollte nur noch zu ihrem Vater. Bald war sie dreizehn! Alles war so anstrengend für sie, ständig hatte sie Angst um ihre Mutter oder Harry, wenn sie dem Monster nicht gehorchte. Sie konnte mit niemanden reden. Harry riss sie aus ihren Gedanken, als er ihr ins Gesicht leckte, er wollte vom Arm runter. Ein älteres Ehepaar sprach sie an, ob sie Hilfe benötigte. Martha schüttelte den Kopf und antwortete, dass sie schnell nach Hause müsste. Dann radelte sie schnell los.

Als sie in ihre Straße kam, sah sie, wie Hanna gerade auf den Hof ging und war erleichtert, nicht mit ihm allein sein zu müssen. Am nächsten Tag waren die Männer nicht da, dafür war Herbert besoffen und torkelte durch die Wohnung. Martha war gut drauf, denn in diesem Zustand war er harmlos für sie. Hanna war dafür überhaupt nicht erfreut! Es gab einen Riesenstreit.

Was war geschehen?
Der Missbrauch hatte eine neue Stufe erreicht! Jetzt musste sie drei Männer ertragen, die sie gemeinsam mehrfach missbrauchten. Sie wurde immer mehr zum Objekt und konnte die Schmerzen kaum ertragen. Ihr Leben war sinnlos geworden und sie wollte sterben, aber irgendetwas ließ sie immer wieder zu Kräften kommen. Die Sorge um ihre Mutter und ihren Hund hielten sie am Leben und davon ab, alles zu erzählen. Herbert hatte es, wie fast alle Kinderschänder, gut vorbereitet, ihr Umfeld zu manipulieren. Er stellte sie als schwierig da und erfand irgendwelche Lügen über sie, wie zum Beispiel, dass sie hinter den Jungs herläuft und jeden küsst, weil sie Aufmerksamkeit will. Da er bei ihren Lehrerinnen und Freundinnen sehr beliebt war, vertraute sie niemandem, aus Angst, dass ihr niemand glauben würde.

Die Veränderung!

Die Übergriffe der Männer wurden immer ekelhafter und Herbert immer brutaler. Einmal knetete und saugte er so an ihren Brüsten, das sie nicht mehr zum Schwimmen gehen durfte, da die Brüste ganz blau waren und sie dies nicht hätte verbergen können. Manchmal zwang er sie zu Hause zu bleiben und meldete sie einfach krank und ließ noch nicht einmal ihre Freundinnen die Hausaufgaben bringen, sondern ließ sie diese telefonisch übermitteln. Als Martha in den Ferien tagelang nicht rausdurfte und er sie mehrmals täglich vergewaltigte, reichte es ihr endgültig und sie ging mit festen Schritten die Treppe runter. „Wer hat dir erlaubt das Haus zu verlassen?", schrie

er sie an. „Mir reicht es jetzt! Ich gehe zur Polizei!“ Er lachte laut: „Was willst du? Du weißt doch, dass dir niemand glauben wird!“ Martha schaute sich nicht um und ging einfach weiter. „Martha!“, rief er eindringlich. „Du hast etwas vergessen!“ Als sie sich umdrehte, gab er Harry, der ihr von oben hinterher sah, einen Tritt, so dass der Hund im hohen Bogen die Treppe runtergeflogen kam. Er flog ungefähr bis zur Mitte der steilen Treppe und dann weiter, bis vor ihre Füße. Dabei überschlug er sich mehrere Male. Martha schrie laut auf! Der Vermieter stürzte aus seiner Wohnung und sah sie vor dem Hund knien. „Was ist denn hier los?“, wollte er erschrocken wissen. Harry winselte leise vor sich hin, er rührte sich nicht mehr und Martha schrie: „Er ist tot!“ Herbert kam die Treppe runter und fragte nur: „Was hast du denn jetzt mit dem armen Hund gemacht?“ Die beiden Männer kümmerten sich um den Hund, der langsam wieder zu sich kam und auch allein wieder aufstehen konnte. „Na, da haben wir ja nochmal Glück gehabt!“, meinte der Nachbar erleichtert. Harry humpelte zwar, aber schien sonst okay zu sein. „Ihr solltet lieber vorsichtshalber zum Tierarzt gehen. Die Treppe ist doch ziemlich hoch“, gab der nette Mann mit auf den Weg und ging wieder in seine Wohnung. Herbert trug den Hund hoch und legte ihn in sein Körbchen. Martha folgte ihm und kniete sich neben den Hund. Herbert streichelte den Hund liebevoll und fragte Martha scheinheilig: „Wo wolltest du eigentlich gerade hin?“ Sie legte ihren Kopf auf den Hund und sagte nichts. „Gut! Dann rufe ich mal deine Mutter an und erzähle ihr, was passiert ist. Vielleicht kann sie ja früher kommen, damit wir zum Tierarzt fahren können.“ Das Telefonat führte er dicht neben ihr, sodass sie alles mithören konnte. Er erzählte natürlich, dass er nicht so genau wusste, was passiert war, sondern nur den Schrei von Martha gehörte und sie und den Hund dann unten liegen gesehen hatte. „Ja, genau! Sie hat das bestimmt nicht mit Absicht gemacht! Es war wohl ein Unfall! – Ich hoffe, dass arme Tier hat keine inneren Verletzungen. – Ja, das würde das Kind schwer verkraften! – Super! Bis gleich.“ Als er auflegte, grinste er sie blöd an. Martha sah ihn mit hasserfülltem Blick an und schwieg. Sie machte

sich große Sorgen um den Hund und war froh, als ihre Mutter endlich kam. Hanna nahm ihre Tochter in die Arme und meinte liebevoll: „Das kriegen wir schon wieder hin. Alles wird gut!“ Der Tierarzt konnte alle beruhigen! Harry hatte sich nur ein Pfötchen verstaucht und sollte ein paar Tage nicht die Treppe hoch und runter laufen, dann würde schnell alles besser sein. Natürlich wurde der Hund jetzt von allen verwöhnt und geknuddelt, er brauchte sich nur einmal im Körbchen aufrichten und Martha las ihm jeden Wunsch von den Augen ab. Sie war so unsagbar wütend auf Herbert! Sie war entsetzt, wie brutal er mit dem Hund umgegangen war und auch noch so dreist, ihr die ganze Schuld in die Schuhe zu schieben. Sie machte sich große Sorgen, was er noch alles mit dem armen Tier abstellen würde. Was könnte sie nur unternehmen, dass dieser Mann endlich aus ihrem Leben verschwand? Sie konnte an nichts anderes mehr denken! In der Schule wurde sie noch schlechter, ging nicht mehr zum Sport, traf sich nicht mehr mit ihren Freudinnen. Er vergewaltigte sie fast täglich und ihre Kräfte verließen sie immer mehr. Trotzdem wurde ihr immer klarer, dass sie nicht aufgeben wollte, obwohl sie oft über den Tod nachdachte, wollte sie ihn nicht gewinnen lassen.
Martha begann damit, sich zu verweigern! Sie zog sich nicht aus, wenn er es ihr sagte, sondern tat so, als ob sie ihn nicht gehört hätte. Beim Sex redete sie mit ihm über Kinder und wie das wohl wäre, wenn sie schwanger werden würde. Sie fragte, warum er denn bloß keinen Job finden würde und wie sein Kollege damals gestorben war. Wie es sich anfühlte, als dieser aus seinen Händen geglitten und in die Tiefe gestürzt war und so weiter. Diese Fragen mochte er nicht sonderlich! Es kam immer häufiger vor, dass er keinen hochbekam! Das machte ihn zwar wütend, aber Martha gewann so immer mehr Kontrolle über ihn. Ab und zu brachte ihr das zwar die ein oder andere Backpfeife von ihm ein und die tat ihr auch sehr weh, aber dauerte nicht so lange wie seine Sexspiele. Jedes Mal, wenn er sich wieder an ihr verging, bombardierte sie ihn mit irgendwelchen Fragen zu seiner Vergangenheit. „Machst du das jetzt immer?“, fragte er irgendwann. Martha schaut ihn unschuldig an und fragte, was

er meinen würde? Sie war doch artig und hielt ganz still! Er stand auf und holte sich ein Bier aus dem Kühlschrank. Dann setzte er sich auf das Sofa und trank es mit einem Mal aus. Martha stand auf und sagte: „Ich will dich doch nur besser verstehen!“ Sie lächelte ihn an und ging aus dem Zimmer. An diesem Tag hatte sie Ruhe vor ihm. Dafür durfte sie am nächsten Tag nicht aus dem Haus. Als Hanna zur Arbeit war, fiel er ein paar Mal über sie her, bis er richtig befriedigt war. Herbert drohte eindringlich, dass er dem Hund etwas antun würde, wenn sie nicht in der Spur lief. Aber Martha war älter geworden und ließ sich nicht mehr ganz so schnell Angst machen! Sie lächelte ihn an und sagte: „Ich laufe doch in der Spur, mein lieber Stiefvater.“ Wieder nahm er sich ein Bier aus dem Kühlschrank. Er trank es gleich in der Küche und nahm sich noch zwei mit ins Wohnzimmer. Martha ging duschen, zog sich an und ging ins Wohnzimmer. Dort saß er mit seinem Bier und sah fern. „Darf ich jetzt zu meinen Freundinnen oder möchtest du mich nochmal vergewaltigen?“, lächelte sie ihn lieb an. Er fauchte zurück: „Hau bloß ab, du Hexe!“

Herbert trank immer mehr Alkohol! Täglich! Es war nur eine Frage der Zeit, bis ihre Mutter was bemerken würde. Wenn sie zuhause war, trank er heimlich im Keller oder auf dem Dachboden, auch im Schlafzimmer versteckte er Schnapsflaschen. Martha fragte ihn jetzt morgens immer, wann er mit ihr schlafen wollte, da sie ihre Verabredungen danach richten würde. Am Anfang fand er das richtig gut und versuchte sie dazu, selbst mal aktiv zu werden. Ohne Erfolg! Einmal nahm er ihre Hand auf sein steifes Glied und forderte: „Komm, mach es mir mit der Hand!“

Martha lachte: „Niemals! Du kannst mich noch so oft vergewaltigen, weil du stärker bist als ich, aber ich werde niemals freiwillig deinen Schwanz anfassen! Weißt du, warum? Weil du mich total anwiderst! Du bist ein ekliger alter Bock!“

Jetzt reichte es Herbert und er scheuerte ihr eine! Und noch eine und noch eine! Martha sprang auf und wollte zur Tür rennen! Herbert war schneller und erwischte sie am Arm! Martha drehte sich um und trat ihm zwischen die Beine! Er ließ los und sackte

zusammen, aber griff nach ihrem Fuß! Martha fiel bäuchlings hin und trat weiter nach ihm! Sie erwischte sein Gesicht und er ließ wieder los. Sie rappelte sich auf und lief auf den Flur. Er stand auch auf und erwischte sie an der Treppe an ihren Haaren. Martha fiel etwas zurück und donnerte ihre Faust in sein Gesicht! Daraufhin riss sie sich frei und rannte in Richtung Dachbodentreppe! Dort holte er sie abermals ein, griff ihre Füße, sodass sie auf die Treppe knallte. Er zog sie runter, dabei schlug ihr Kinn auf jeder Stufe auf!
Auf dem Fußboden vergewaltigte er sie richtig brutal und ließ sie wimmernd liegen. Er ging in die Küche, trank ein paar Schnäpse und ging zu ihr zurück. Diesmal konnte man ihre Verletzungen sehen. „Du siehst ja schlimm aus!" Er streichelte ihr über den Kopf. „Tut es weh?" Martha rührte sich nicht. Herbert überkam Panik! Ihm war klar, dass Hanna Fragen stellen würde. Der Hund legte sich neben das Mädchen und jaulte leise. Herbert lief in der Wohnung auf und ab. Ihm war klar, dass er jetzt zu weit gegangen war. Was würde Hanna sagen, wenn sie sie so sah?
Martha kam wieder langsam zu sich und rappelte sich langsam auf. Langsam kroch sie den Flur entlang. Herbert wollte ihr hochhelfen, aber sie schubste seine Hand weg und nuschelte nur: „Du ekelhaftes Schwein!" Herbert redete auf sie ein: „Wir müssen uns eine Geschichte ausdenken! – Am besten sagen wir, dass du die Dachbodentreppe runtergefallen bist! – Ja! – Du bist auf Socken hoch und dann ausgerutscht."
Martha kroch ins Badezimmer und zog sich am Wannenrand mühevoll hoch. Sie schaute in den Spiegel. Es sah gar nicht so schlimm aus, wie es sich anfühlte. Im Gesicht waren ihr blaues Kinn und die blutende Nase zu sehen, der Rest sah normal aus. Herbert redete immer noch weiter! Sie hörte ihn kaum, ihr war schwindelig. Sie hörte ihn zwar reden, aber alles schien weit weg zu sein. Lange ließ sie das Wasser über ihre Haut laufen, bis Herbert ihr das Wasser ausmachte. „Du weißt jetzt, was du zu sagen hast?", wollte er von ihr wissen. Martha trocknete sich ab, ging in ihr Zimmer und zog sich an. Herbert wurde immer unruhiger! „Was ist denn? Rede mit mir!", bat er sie. „Hau ab!", sagte

sie nur und ging in die Küche. Sie öffnete den Kühlschrank und holte sich eine Flasche Wasser raus. Damit ging sie wieder in ihr Zimmer. Herbert folgte ihr und entschuldigte sich bei ihr und versprach sie nie wieder anzufassen, wenn sie jetzt die richtige Geschichte erzählt. Sie starrte ihn an und nickte nur. „Okay! Dann haben wir das geklärt!“ Herbert war sichtlich erleichtert. Als Hanna von der Arbeit kam, stürzte er sich gleich auf sie und erzählte von Marthas Unfall. Daraufhin ging sie gleich zu ihrer Tochter. „Wie geht es dir, mein Schatz?“ Martha nahm ihre Mutter fest in die Arme und weinte bitterlich. „Was ist denn nur passiert?“ Herbert kam sofort mit seiner Geschichte an, aber Hanna bat ihn, sie kurz mit ihrer Tochter allein zu lassen. Martha weinte und weinte! Sie wollte so gerne alles erzählen, aber sie schämte sich so und hatte Angst, was dann passieren würde. Hanna fragte sie, ob Herbert wieder Alkohol trinken würde. Martha schaute ihre Mutter lange an, sie wusste das jetzt ihre Chance gekommen war, ihn loszuwerden, da Hanna mit ihm eine einzige feste Absprache hatte, wenn er wieder mit dem Trinken anfangen sollte, würde er rausfliegen. Er hatte zwei Entziehungskuren hinter sich und noch einmal würde sie das nicht mitmachen. „Martha, du kannst es ruhig sagen“, ermunterte sie ihre Tochter. Martha dachte an ihren Vater, dass er sich wegen ihr das Leben genommen hatte. Sie hatte solche Angst, ihre Mutter auch noch zu verlieren! Sie wollte so gerne was sagen, aber sie brachte keinen Ton raus. „Martha!“, versuchte es ihre Mutter nochmal liebevoll. „Du kannst die Wahrheit sagen.“ Sie sagte nichts, aber nickte!

Nachdem sie sich etwas beruhigt hatte, verriet sie sämtliche Verstecke von Herbert. Hanna bat ihre Tochter in ihrem Zimmer zu bleiben, dann nahm sie den Wäschekorb und ging alle Verstecke ab und sammelte die ganzen Flaschen ein. Als Herbert den Korb sah, wurde er ganz blass und meinte nur, dass es nicht so ist, wie es gerade aussieht. Hanna forderte auch sämtliche Schüssel zurück und gab ihrer Tochter ihren Zimmerschlüssel. Sie sollte sich mit dem Hund einschließen und zu Herbert sagte sie, dass sie morgen reden werden. Zuvor wollte sie Martha zu ihrer Oma bringen.

Als sie ihre Tochter am nächsten Tag zur Oma gebracht hatte und wieder nach Hause gekommen war, um mit Herbert zu sprechen, war dieser mit seinen persönlichen Sachen verschwunden.

Was war geschehen?
Martha hatte sich weiterentwickelt und durchschaute Herberts Verhalten besser. Nach der Sache mit dem Hund war ihr klar, dass er ihn beim nächsten Mal vielleicht sogar umbringen würde. Sie hatte nach wie vor Angst um ihre Mutter und ihren Hund. Außerdem hatte sie längst erkannt, dass sie seinen sexuellen Gelüsten nicht entkommen würde, also versuchte sie ihm durch permanentes Quatschen, während er sie missbrauchte, den Spaß an der Sache zu nehmen. Sie machte ihm täglich deutlich, dass er nur Sex mit ihr hatte, weil er ihr körperlich überlegen war. Was sie damals nicht wusste, dass er pädophil war und er, je älter sie wurde, das Interesse an ihr verlieren würde. Hanna ahnte nicht, was wirklich alles passiert war, aber das war Martha auch egal, Hauptsache, er war endlich weg!

Herbert ist weg!

Herbert war wirklich weg! Der Vermieter hatte mitbekommen, dass er von einer Frau abgeholt worden war. Zusammen hatten sie seine ganz persönlichen Habseligkeiten aus der Wohnung getragen. Wie sie später rausbekamen, hatte er die Frau schon vor längerer Zeit kennen gelernt gehabt und war zu ihr gezogen. Hanna konnte sich die Wohnung nicht mehr leisten und so zogen sie in eine kleine Zweizimmerwohnung. Es war eng, aber gemütlich. Hanna blieb auf den ganzen Schulden sitzen, weil Herbert selbst kein Geld hatte, sondern alles seiner neuen Freundin gehörte. Die nächsten Jahre ging es ihr finanziell schlecht und sie musste sehr sparsam leben.
Aber sie ließ sich nicht unterkriegen!
Martha konnte endlich ohne Angst nach Hause kommen! Sie konnte nachts durchschlafen! Keiner vergewaltigte sie mehr!

Sie war einfach nur erleichtert, dass dieser Mensch nicht mehr in ihrer Nähe war.
Aber sie sprach nie über das, was wirklich alles geschehen war, weil sie wusste, dass ihrer Familie dann was Schlimmes passieren würde!

Die Befreiung (Kindheit)

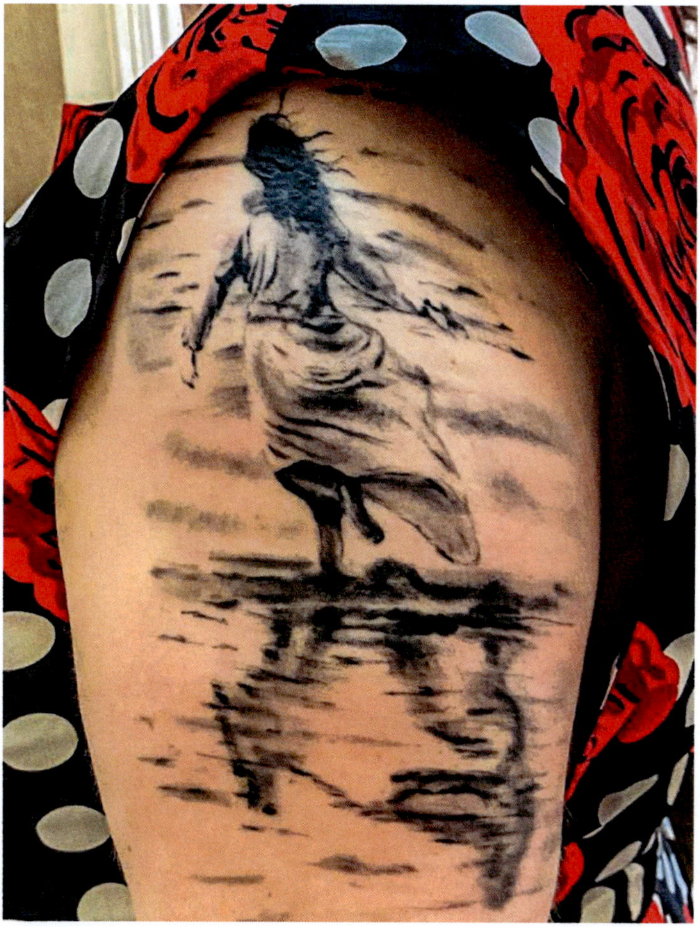

Nachdem ich mit meiner Mutter aus der großen Wohnung, mit den unzähligen Erinnerungen, ausgezogen war, begann mein Leben in Freiheit! Die ersten Wochen und Monate war ich mir nie ganz sicher, dass es wirklich vorbei war. Immer wenn ich die Wohnung verließ, schaute ich mich aufmerksam um, ob

ich meinen Stiefvater irgendwo sah. Nach all den Jahren, wo ich fast ausschließlich als Sexobjekt gedient hatte, musste ich langsam ein Gefühl für meine eigenen Bedürfnisse entwickeln. Das war gar nicht so einfach! Eigentlich war meine Kindheit bereits vor meinem fünften Lebensjahr zu Ende, weil ich nach dem Selbstmord meines Vaters mit enormen Schuldgefühlen zu kämpfen hatte. Dadurch, dass er sich an dem Tag erhängt hatte, wo ich das allererste Mal „böse" gewesen war und ein Kind geschlagen hatte, hielt ich den Verlust meines Vaters für meine Strafe! Auch wenn ich noch so jung war, sehe ich die Situation, in der meine Mutter mir den Tod meines Vaters verkünden musste, detailliert vor mir. Ich sehe, wie sie mich auf eine Kiste setzt und sagt, dass etwas Schlimmes passiert sei, und auch meine Aussage, bevor sie weitersprechen konnte, „Ich weiß, Papa ist tot!" höre ich mich sprechen (wurde von meiner Mutter Jahre später bestätigt). Genauso die Zeit zuvor mit meiner besten Freundin Sabine (die auch im wirklichen Leben so hieß) und meine Unruhe und Gewissheit, dass meinem Vater was zugestoßen war, blieb immer in meinem Bewusstsein fest verankert! Auch dass um den Tod meines Vaters ein großes Geheimnis gemacht wurde, bestätigte mich, da ich dachte, mit mir spricht niemand drüber, weil alle wissen, dass ich schuld an seinem Tod bin. Ich weiß wirklich, sie wollten mich mit ihrem Schweigen schützen, aber das Gegenteil war der Fall! Ich weiß, dass damals auch die Ärzte rieten, mir so wenig wie möglich zu erzählen, um mich nicht noch mehr zu belasten. Aber Kinder spüren, wenn die Erwachsenen unaufrichtig sind! Egal, aus welchen Gründen! Na ja, auf jeden Fall sah ich mich damals als „Schuldige" bestätigt und fasste als kleines Mädchen einen Entschluss, der für mich ein dramatisches Leben einläutete. Mein Entschluss, nie wieder böse zu sein! Dieser Entschluss, gepaart mit weiteren Verlusten – Hund, Haus, Familie des Vaters, Schildkröte und noch ein paar temporäre Verluste (immer mal wieder Entzug von Vertrauenspersonen, wie Oma, Onkel Paul ...) – spielten meinem Stiefvater in die Hände! Tatsächlich begleitet mich dieses Gefühl bis heute! Natürlich weiß mein Kopf, dass ich nicht für alles Leid meiner

Freunde verantwortlich bin, aber die Seele fällt immer wieder in ihr Muster zurück! Aber dazu später mehr!
Mein Leben in Freiheit war ziemlich chaotisch, weil ich plötzlich eine so unbändige Energie hatte, weil ich ja jede Nacht durchschlafen konnte und mein Körper sich langsam erholte. Da ich vom Sex die Nase voll hatte, konzentrierte ich mich auf meine berufliche Entwicklung und holte meinen Realschulabschluss nach, schrieb gute Zensuren und erlernte wie meine Mutter den Beruf der Kinderpflegerin. Während dieser Ausbildung wurde mir das erste Mal so richtig klar, was für eine schreckliche Kindheit ich hinter mir hatte.
Da mir alles viel zu viel war, verdrückte ich mich erstmal aus meiner Umgebung und verbrachte einige Monate als Au-pair-Mädchen in London. Im Anschluss zog es mich nach München, wo ich als Zimmermädchen in einem großen Hotel arbeitete und viele interessante Menschen kennen lernen durfte. Dort konnte ich meine negativen Gefühle gut verdrängen und das Leben genießen.
Nach einiger Zeit zog es mich wieder in die Heimat und nachdem ich gut zwei Jahre bei einer großen Fastfoodkette gearbeitet hatte, begann ich schließlich meine Ausbildung als Erzieherin. Während dieser Ausbildung wurde ich wieder mit meiner Kindheit konfrontiert und suchte mir therapeutische Unterstützung. Das war vor mehr als dreißig Jahren, da war das Thema sexueller Kindesmissbrauch noch nicht so präsent und als Opfer schämte man sich sehr, dass einem sowas passiert war. Leider fand ich damals keine für mich gute Therapeutin, schloss mit dem Thema nach einigen Monaten ab.
Von einer Anzeige wollte ich eh nichts wissen, da ich sicher war, dass mein Täter meiner Familie etwas antun würde, wenn ich alles erzählen würde. Denn selbst, wenn mein Stiefvater ins Gefängnis gekommen wäre, hätten sich seine Freunde „um uns gekümmert!“. Das hatte er mir sowieso immer schon gesagt. Damals galt Kindesmissbrauch nur als ein „Vergehen“ und die Täter kamen, wenn überhaupt, nur mit Bewährungsstrafen davon. Dass ich damals eine schwere Form sexuellen Kindesmissbrauchs hatte ertragen müssen, war mir auch da nicht wirklich

klar. Außerdem muss das Opfer ja die Taten beweisen und das schien mir unmöglich, weil seine Freunde ihm doch jederzeit ein Alibi gegeben hätten. Heute ist durch die gute öffentliche Aufklärung vieles einfacher geworden, denn es gibt kaum einen Menschen, der noch nichts über das Thema weiß. Das war damals anders. Auch anhand von Datenträgern können Kinderschänder leichter überführt werden. Ich fühlte mich auf jeden Fall nicht in der Lage, die ganzen Übergriffe bei Gericht durchzustehen! Ich habe ein gutes Gedächtnis von Situationen und Bildern, aber nicht für Daten und Zeiten! Da mein Martyrium so viele Jahre lang dauerte, wäre ich bei Gerichtsfragen, die ja auf viel auf genaue Daten ausgerichtet sind, hoffnungslos verloren, weil ich natürlich als Kind keine schriftlichen Aufzeichnungen oder gar Zeugen hatte. Das sind für viele Opfer von sexueller Gewalt die Gründe, warum sie von einer Anzeige absehen. Wie dem auch sei, ich habe mir mein Leben aufgebaut, mir vorgenommen, nie wieder ein Opfer zu sein! Damals war ich schüchtern, in mich gekehrt und hatte immer wieder depressive Phasen. Ich wollte eine totale Veränderung und begann an meinem Selbstbewusstsein zu arbeiten, in dem ich mir viel Literatur beschaffte und mich sehr fleißig, Abend für Abend, belas. Als ich mich relativ fit im Thema fühlte, besuchte ich entsprechende Kurse und übte mich selbst besser wahrzunehmen und meine Meinung zu äußern. Als Erzieherin arbeite ich seit meiner Ausbildung in einer Betriebskindertagesstätte eines großen Krankenhauses mit um die zehntausend Beschäftigten. In diesem großen Betrieb begann ich mich gewerkschaftlich zu engagieren und wurde dort zur Vertrauensfrau gewählt. Das gab meinem Selbstbewusstsein nochmal einen sehr großen Schub! Um auch aussagekräftig und erfolgreich meine Meinung vor größeren Gruppen zu vertreten, besuchte ich Rhetorikkurse verschiedener Art. Ich wurde in dieser Zeit Mutter und zog meinen Sohn allein auf, aber mit gutem Kontakt zu seinem Vater. Als Alleinerziehende habe ich nochmal viel lernen dürfen und mich weiterentwickelt. Ich musste tatsächlich gegen immer noch vorhandene Vorurteile gegenüber Alleinerziehenden ankämpfen. Was ich damals unglaublich fand, da ich dachte, diese altbackenen Vorstellungen

von Familie wären schon der Akzeptanz für verschiedene und bunte Formen des Familienlebens gewichen. Aber dazu sollten noch ein paar Jahre ins Land streichen! Mittlerweile ist mein Sohn erwachsen und ich bin Personalrätin geworden. Das ist für mich erwähnenswert, weil es zeigen soll, dass wir uns alle weiterentwickeln und auch eine sehr schlimme Kindheit hinter uns lassen können. Wobei ich sehr wohl weiß, dass es nicht allen Opfern von Kindesmissbrauch gelingt. Für mich ist eine Befreiung von etwas immer mit Kampf verbunden! Denn um mich aus einer Situation, die mir nicht guttut oder sogar Schaden zufügt, zu befreien, ist eine enorme Kräftemobilisierung nötig.

Die Befreiung (Gegenwart)

Das Tattoo „Befreiung“ hat für mich auch in der Gegenwart Bedeutung! In den letzten Jahren habe ich mich fast ausschließlich in meiner Freizeit ehrenamtlich engagiert und so einiges auf die Beine gestellt, obwohl ich einen Vollzeitjob hatte und alleinerziehend war. Ich habe zum Beispiel in meinem Verein Verantwortung übernommen und mir immer für die Sorgen und Nöte meiner Mitmenschen viel Zeit genommen. Ich habe Streit geschlichtet, verstrittene Parteien wieder zusammengebracht, persönliches Coaching im Freundeskreis gemacht und alle immer wieder aufgebaut und motiviert, sich ihren Problemen zu stellen und Lösungen zu finden. Genauso wie ich meine Vereinskollegen/-innen mit Fröhlichkeit und positiver Verstärkung motiviert habe bei uns ehrenamtlich Sonntag für Sonntag im Bistro einen anstrengenden Job zu machen. Das lief gut und bereitete mir Freude. Aber dann lernte ich Menschen kennen, die in ihrer Kindheit auch sexuellen Missbrauch hatten ertragen müssen und ich begann mich mit meiner eigenen Geschichte zu beschäftigen. Was ich schon lange abgeschlossen hatte, kam schlagartig wieder hoch! Um alles nochmal zu verarbeiten, schrieb ich meine Erinnerungen nieder! Anfänglich wollte ich die Aufzeichnungen nur für mich haben, aber

nach einem Gespräch mit einer Überlebenden von Kindesmissbrauch wurde mir klar, dass ich etwas bewirken möchte. Wir Opfer von Kindesmissbrauch nennen uns auch Überlebende, weil es überhaupt nicht selbstverständlich ist, dass diese Kinder den Missbrauch überleben! Einige Kinder sterben während des Missbrauchs oder an dessen Folgen. Viele nehmen sich das Leben oder nehmen Drogen und rutschen in die Prostitution ab. Warum?
Weil sie ihren Körper als dreckig, abgenutzt, wertlos und ekelhaft empfinden. Selbstliebe ist ein Fremdwort! Wenn man jahrelang nicht über seinen Körper bestimmen kann, weil er ausschließlich der Lustbefriedigung des Täters dient, nimmt man sich selbst nicht mehr wahr!
Ich wollte etwas verändern!
Also schrieb ich meine Kindheitsgeschichte nieder!
Allerdings war ich damals noch nicht stark genug von mir als Sabine zu schreiben, sondern schrieb über die kleine Martha. Das fiel mir einfach leichter. Ich reichte mein Buch bei dem Verlag ein und kümmerte mich erstmal, nach der Erscheinung, weiter darum.
Nach und nach lernte ich aber immer mehr tolle Menschen kennen, die sich öffentlich trauten, über ihre Erfahrungen zu sprechen. Das beeindruckte mich sehr und so fasste ich den Mut, es ihnen gleichzutun.
Das war wieder eine Befreiung aus alten Strukturen und Verhaltensmustern!

Natürlich veränderte ich mich auch und vieles, was immer selbstverständlich gewesen war, kam von mir auf den Prüfstand!
Diese Phase zieht sich bis heute!
Was natürlich auch mit an der Coronazeit liegt! Auf diese Zeit möchte ich gar nicht weiter eingehen, denn wir alle haben da unser Päckchen zu tragen! In einem Prozess, in dem man eh schon alles hinterfragt, bekommt das Leben eine ganz andere Bedeutung. Freundschaften wurden auf die Probe gestellt!
Viele hielten stand!
Andere zerbrachen!

Ich bin unendlich dankbar für meine Freundschaften, die Veränderungen zulassen konnten und weiterhin können! Freundschaft bedeutet für mich, den anderen durch Veränderungen zu begleiten und jedem seine Freiheit zu lassen.
Freiheit für Weiterentwicklung!
Freiheit für Veränderungen!
Freiheit für Selbstbestimmtheit!
Ich empfehle jeden von euch, ab und zu mal Freundschaften auf den Prüfstand zu stellen!
Wer fragt wirklich nach, wie es dir geht?
Wer fragt wirklich nach, ob du Unterstützung brauchst?
Wer fragt wirklich nach, wenn du dein Verhalten verändert hast?
Und wenn du dich dann hinterfragst, was tue ich für andere und was tun sie für mich, wird meistens eine Veränderung eingeleitet. Dann giltst du plötzlich als schwierig! Warum? Weil du nicht mehr bereit bist, dich ausschließlich für andere aufzuopfern. In so einem Veränderungsprozess stecke ich in diesem Moment, indem ich dies schreibe, immer noch. Es erfordert Durchhaltevermögen, bis deine Umgebung verstanden hat, dass du es wirklich ernst meinst! Dazu kommt, dass natürlich die Wenigsten Verständnis für dich haben, sondern möchten, dass du dich weiter um ihre Probleme kümmerst.
Verständlicherweise! Wer möchte schon etwas aufgeben, was sein Leben erleichtert? Auch für einen selbst ist das nicht leicht, weil man ja die Menschen mag und wertschätzt! Viele vermuten die Veränderung hängt mit dem Erwachsenwerden meines Sohnes statt, aber das stimmt nicht! Natürlich ist es ein Riesenschritt, wenn das eigene Kind erwachsen wird, aber mein Sohn ist schon viele Jahre erwachsen und hat eine ganz liebeswerte Freundin mit in die Familie gebracht, die für mich wie meine eigene Tochter ist. Nein, es ist bei mir mein ehrenamtliches Engagement im Verein, das ich loslassen muss, damit ich mich weiterentwickeln kann.
Dazu musste ich meine Komfortzone verlassen!
Seine Komfortzone zu verlassen, bedeutet den Mut zu haben, die eigenen Unsicherheiten zu überwinden! Denn auch wenn uns Lebensumstände belasten, sind genau diese Umstände aber

schon lange implementiert. Wir sind an sie gewöhnt und sie geben uns auch Sicherheit, weil alles strukturiert ist. Wir müssen nicht neu denken, sondern können von einem reichen Erfahrungsschatz profitieren. Aber aus unserer Komfortzone auszubrechen, heißt, freier zu werden. Wir hören auf, uns von Gewohnheiten einschränken zu lassen und genau das kann dir helfen nicht mehr auf der Stelle zu treten, sondern weiterzukommen. **Das war die Befreiung aus der eigenen Komfortzone.**

Viele Jahre habe auch ich nach der großen Liebe gesucht!
Eine Liebe, die mich akzeptiert, wie ich bin!
Jemanden, der mit meiner Geschichte umgehen kann, weder in übermäßiges Mitleid verfällt noch in Ignoranz! Viele Jahre sprach ich mit meinen Partnern überhaupt nicht darüber, weil ich dazu keinen Anlass sah. Ich wollte, dass sie mich einfach so lieben, wie ich bin. War schwieriger als gedacht! Hat jedenfalls nicht funktioniert! Lange habe ich dafür gebraucht, zu erkennen, dass ich mir unbewusst immer Männer suche, die mir gar nicht guttun, weil sie entweder überhaupt nicht an einer festen Bindung interessiert sind oder sogar schon in einer Beziehung leben und nur etwas Abwechslung wollen. Mit Männern in meinem Alter kam ich eh nicht wirklich klar, weil ich, emotional, seit dem Missbrauch abgeschaltet war und damals nie mit den Jungs meines Alters unterwegs gewesen war. Da ich immer auf die Suche nach einer liebevollen Vaterfigur war, die mir mehr Sicherheit vermitteln konnte als Männer meines Alters, war mein langjähriger Partner gut zwanzig Jahre älter und verheiratet. Natürlich war das nicht okay, aber ich wollte lieber die Geliebte sein als die betrogene Ehefrau! Durch meinen Stiefvater glaubte ich eh schon lange nicht mehr an das Gute im Menschen, weil er und seine Freunde ein Leben in Lügen und Betrügen vorlebten. Ich konnte mir nie vorstellen, dass es aufrichtige Menschen gibt. Ich selbst vertraute niemandem und rechnete immer mit dem Bösen im Menschen. Als Geliebte wirst du mit Geschenken und Aufmerksamkeiten überschüttet, als Ehefrau belogen und betrogen. So dachte ich jedenfalls damals. Durch mein Kind habe ich die Sichtweise verändert und bin weicher

geworden. Natürlich auch angreifbarer, weil da plötzlich ein kleiner Mensch ist, den du unsagbar liebst und den du vor allem Bösen beschützen möchtest.
Bis dahin hielt ich mich für unangreifbar und stark!
Mich konnte niemand verletzen, weil ich mich nach dem Missbrauch und dieser traurigen Kindheit zu einer starken und selbstbewussten Frau entwickelt hatte. Ich konnte allein über mich bestimmen und mich gegen alles wehren, was mir schaden wollte.
Das war jetzt anders!
Ich konnte negative Dinge nicht immer von meinem Kind fernhalten.
Das Leben übernahm die Regie! Ich konnte darauf zwar reagieren, aber einiges nicht verhindern. Ich überdachte vieles neu und verließ auch an dieser Stelle meine Komfortzone und legte meine Rolle als Geliebte ab. Das war alles andere als leicht, da es finanzielle Konsequenzen für mich hatte. Ich musste mich da eigenen Herausforderungen stellen und bin daran gewachsen und noch stärker geworden.
Ich habe damals gelernt, dem Schicksal wieder zu vertrauen und auch negative Dinge anzunehmen. Ich möchte mich hier bei meiner Familie, meinen Freunden und meinen Kolleginnen bedanken, die damals immer an meiner Seite waren und geholfen haben, wo sie konnten.
Ich habe es immer genossen, Mutter zu sein und auch wenn die Lebensumstände nicht immer einfach waren war es eine wunderschöne Zeit.
Den Mann fürs Leben habe ich immer noch nicht gefunden. Klar verliebte ich mich das ein oder andere Mal, aber es fühlte sich nie so ganz richtig an. Manchmal schien es nah dran zu sein, aber irgendwas passte dann doch nicht. Mittlerweile weiß ich, dass es zum großen Teil an mir selbst lag! Dadurch, dass ich mich nochmal mit meiner Geschichte auseinandergesetzt habe, ist mir klargeworden, dass ich mich selbst nicht wirklich liebenswert finde! Wie sollen mich da andere Menschen lieben? Ich weiß, dass jetzt Menschen, die mich gut kennen, erstaunt sind, weil ich selbstbewusst, meistens fröhlich bin und das ist immer noch so. Ich merkte lange nicht, dass ich mich an meiner Leistung

orientierte und mich ständig unter Druck setzte, mich immer weiterzuentwickeln. Meinem Körper konnte ich nicht lieben, er sollte einfach gut funktionieren. Außerdem konnte ich nur schwer Kontrolle abgeben, weil ich ja in der Tiefe niemandem vertraute außer meiner eigenen Leistung. Darum habe ich alles allein gemacht und dem anderen keinen Raum gelassen. Ich habe alle umsorgt, weil mir diese Rolle vertraut war. Seit gut zwei Jahren arbeite ich daran, was ich nicht mehr möchte, was überholt ist und weichen muss. Ich habe ordentlich aussortiert und Menschen, die ausschließlich nur ihre Probleme gelöst haben wollen, müssen weichen, damit der Weg frei wird für Menschen, die mich sehen und nicht nur von mir profitieren wollen. Von meiner Arbeitskraft, von meinem Engagement für sie oder was auch immer. Mir war es immer wichtig, dass sich alle gut verstehen und Probleme auf den Tisch kommen, um gelöst zu werden, das hat sich geändert. Liebe darf keine Bedingungen haben, wie „wenn du dünner bist, könnte das mit uns was werden" oder „wenn du dies oder das machen wirst, werde ich dich lieben". Liebe muss einfach geschehen und darf nicht erwartet werden.

Das war die Befreiung, zwanghaft nach der großen Liebe zu suchen!

Egal, von was du dich befreien willst, es erfordert immer erstmal die Erkenntnis, dass es eine „Schieflage" in einem Lebensbereich gibt. Es fühlt sich nicht mehr gut an, an einem vertrauten Ort zu sein, oder Dinge, die du immer gerne gemacht hast, bereiten dir keine Freude mehr, sondern sind plötzlich schwer und farblos geworden. Du gehst bei Kleinigkeiten an die Decke oder ziehst dich sofort zurück, weil du der Diskussionen um immer die gleichen Themen müde geworden bist. Du hast keine Kraft mehr, dich gegen immer dieselben Leute durchzusetzen, die nichts Besseres zu tun haben, als permanent zu meckern, aber nicht bereit sind, etwas zu verändern. Vielleicht bist du oft müde und niedergeschlagen, obwohl doch alles eigentlich gut ist und nichts Außergewöhnliches vorgefallen ist. Ein vertrauter Geruch nervt dich plötzlich nur noch und du kannst

ihn nicht mehr ertragen. Du hast deine Leichtigkeit und Freude verloren, willst aber niemanden vor den Kopf stoßen.
Vielleicht bist du sogar schon krank geworden, hast Rückenschmerzen, weil dir die Last, die auf deinen Schultern liegt, zu schwer geworden ist.
Vielleicht hast du Verdauungsbeschwerden, Sodbrennen oder Gallenprobleme, weil du immer alles in „dich reinfrisst"!
Vielleicht hast du oft Kopfschmerzen, weil du deine Gefühle, wie Aggression, Wut oder so in dir tief drinnen behältst.

Was auch immer dich nicht mehr glücklich macht, versuche es zu ändern!
Du bist es wert, dass man dich gut behandelt!
Du bist es wert, ernstgenommen zu werden!
Du bist es wert, respektvoll behandelt zu werden!
Du bist es wert, genauso angenommen zu werden, wie du bist!
Du bist einzigartig und wertvoll! Lass dich von niemandem verbiegen und verändere dich nur für dich allein und wenn du es willst.
Befreie dich aus allen Situationen, die dir nicht guttun!

Die Pusteblume mit Schriftzug

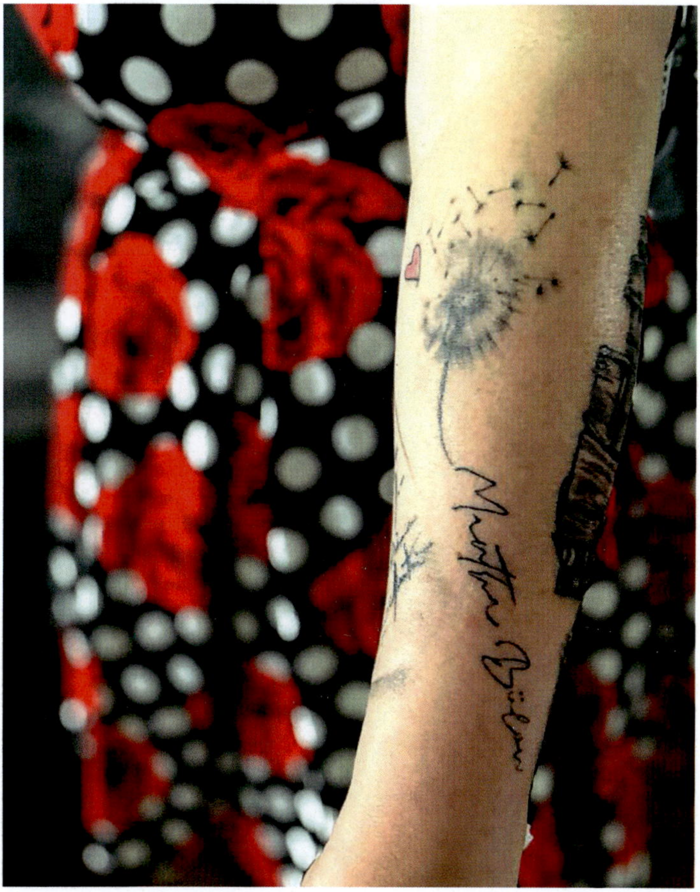

Die Pusteblume mit Schriftzug war mein erstes Tattoo! Es bedeutet für mich, deutlich sichtbar zu meinem Buch „Wenn die Angst zu Hause wohnt!“ zu stehen! Martha Bülow ist mein Pseudonym als Autorin, es setzt sich aus dem Vornamen meiner Oma väterlicherseits und dem Mädchennamen meiner Oma mütterlicherseits zusammen.

Ich habe die Geschichte einer Kindheit, die vom Selbstmord meines Vaters und jahrelangen sexuellen Missbrauch durch meinen Stiefvater geprägt wurde, niedergeschrieben.
Es bedeutet große Veränderungen in meinem Leben!
Es bedeutet, den Blick wieder mehr auf mich selbst zu lenken!
Es bedeutet, nicht mehr ausschließlich für andere da zu sein, sondern auch wieder für mich!
Es bedeutet, positiv in die eigene Zukunft zu schauen!
Eigentlich wollte ich nur das eine Tattoo, aber es sollte anders kommen. Ich spürte eine Veränderung zu meinem Körper. Plötzlich fand ich meinen Arm das erste Mal wirklich schön und es fühlte sich richtig gut an. Ich hatte schon immer ein Bild, das für mich mein Leben symbolisierte! Ein Schmetterling, der an einen Stein gebunden war, und entschloss mich, dieses Bild auf meinem Körper tragen zu wollen. Das war der Moment, wo meine Liebe zu den Skin Stories entstand! In Erik habe ich auch den für mich richtigen Tätowierer gefunden! Zu ihm hatte ich vom ersten Moment an sehr großes Vertrauen und schon bald kannte er meine Geschichte! Seither erarbeiten wie zusammen alle meine Tattoos!
Es ist eine neue Liebe zum eigenen Körper entstanden!
Bis dahin habe ich mich natürlich nicht ausschließlich schlecht gefühlt, aber auch nicht wirklich schön. Durch die Tattoos habe ich mich mit meinem Körper versöhnt, weil ich ihm unbewusst immer die Schuld für mein jahrelanges Martyrium gab. Wäre er nicht so begehrenswert für meinen Täter gewesen, hätte er mich nicht missbraucht. Das hat er mir ja immer wieder genauso gesagt! Würdest du mich nicht immer so geil machen, würde ich auch nicht all diese Dinge mit dir machen. Mein Kopf wusste natürlich, dass ich nicht schuld war, aber die Seele hatte es nie verstanden. Jetzt fand ich meinen Arm wunderschön!
Nach und nach kamen die anderen Tattoos dazu und ich fühlte mich mit jedem Tattoo noch ein bisschen schöner!
Erik und ich gestalteten zur Pusteblume eine Feder und ein Tintenfass dazu. So wurde mein linker Arm zum „Schreiberarm“, der meine kreative Seite darstellt.

Tintenfass und Bücher

Das Tintenfass und die Feder mit Schriftrolle gesellten sich zur Pusteblume dazu und so entstand mein „Schriftstellerarm“!
Er symbolisiert natürlich in erster Linie meine Bücher, aber noch sehr viel mehr. Durch mein erstes Buch habe ich viele Kontakte zu Menschen aufbauen können, die wie ich selbst sexualisierte Gewalt erlebt haben. Wir ermutigten uns gegenseitig über unsere Erlebnisse zu sprechen. So kam es zu einem Telefonat mit Julia von Stern TV, die zu dem Thema sexualisierte Gewalt an Frauen einen Beitrag geplant hatte und nach Frauen suchte, die trotz solcher Erlebnisse den Weg zurück ins Leben gefunden haben und stark und selbstbewusst genug waren, um öffentlich über ihr Schicksal zu sprechen. Nachdem wir lange

telefoniert hatten, war entschieden, dass ich eine von dreiundzwanzig Frauen bin, die zu diesem Beitrag zum Dreh eingeladen werden. Also reiste ich mitten in der Coronazeit 2020 nach Köln, wo wir unter den Auflagen der Stadt drehen durften. Wir haben schon zur Anreise gut strukturierte Anweisungen und Verhaltensregeln mit auf den Weg bekommen. Zum Beispiel durften wir uns alle vorher nicht sehen, sondern erst nach einem negativen, von Fachleuten vor Ort durchgeführten Test. Das war alles aufregend und durch die Coronamaßnahmen auch ziemlich anstrengend.
Für die Anstrengung wurden wir aber mit einem sehr lieben und einfühlsamen Stern-TV-Team belohnt!
Ich habe mich vom ersten Moment an gut aufgehoben und sicher gefühlt! Der Beitrag war sehr emotional und berührend! Das empfanden die Zuschauer ebenso und wählten den Beitrag über uns auf Platz zwei der emotionalsten Stern-TV-Beiträge 2020. Er ist noch immer auf YouTube unter „Stern TV/Sie alle haben sexualisierte Gewalt erfahren“ zu sehen. (Ich bin dort unter meinem richtigen Namen, Sabine Schwake, zu sehen.)
Das hat uns alle sehr berührt!
Unter dem Motto:
Licht an – gemeinsam brechen wir das Schweigen!
Ermutigt über so viel positive Resonanz, bekam ich einen Motivationsschub und beschloss unter meinem Namen immer weiter auf das Thema Kindesmissbrauch aufmerksam zu machen. Ich möchte allen Opfern eine Stimme verleihen, die selbst schon längst verstummt sind oder sich einfach nicht trauen über ihre Erlebnisse zu sprechen. Mir ist es wichtig, den Opfern Mut zu machen, ihre Geschichte zu erzählen, denn wir Opfer müssen uns für nichts schämen! Schämen müssen sich nur die Täter, aber die tun es ja meistens nicht!
Im Gegenteil!
Sie versuchen ihren Opfern die Schuld in die Schuhe zu schieben. Sie haben gute Anwälte und zerpflücken ihre Opfer vor Gericht. Dann wird die Ursache für seine Tat in einer verkorksten Kindheit gesucht oder er ist nicht schuldfähig und so weiter. Nur wenn wir Opfer unsere Geschichte erzählen, kann sich

etwas ändern! Wenn zu den Taten das Gesicht des Opfers wichtiger ist als das Gesicht des Täters habe ich mein Ziel erreicht. Ich träume davon, dass die Täter überhaupt keine öffentliche Aufmerksamkeit bekommen, sondern nur die Opfer.
Warum?
Weil die Täter nicht auch noch mit Aufmerksamkeit belohnt werden sollen!
Sie sollten einfach nur hart bestraft werden und nie wieder die Möglichkeit haben, ein Kind zu missbrauchen.
Dass ein Täter seine Geschichte erzählt oder schreiben lässt, ist normal, aber wenn ein Opfer darüber schreibt, finden das viele noch immer nicht angebracht. Es wird oftmals als profitgeil abgestempelt, während es bei einem Täter als vollkommen in Ordnung angesehen wird. Wie ungerecht ist das bitte schön!!! Der Täter wird für seine Menschen verachtende Tat noch finanziell belohnt, weil sein Buch und seine Sichtweise interessanter für die Mitmenschen ist?!
Die Sicht des Opfers interessiert weitaus weniger Menschen!
Wie krank ist das????
Wie krank ist unsere Gesellschaft???
Wie krank sind die Leser solcher Bücher???
Warum haben Menschen Lust, sich in ein pädophiles Hirn reindenken zu wollen, anstatt lieber den Überlebenskampf des Opfers zu verfolgen!
An dem Tag, wo kein Opfer eines Verbrechens sich mehr schämen muss, weil es selbstverständlich ist, Wertschätzung, Unterstützung und Aufmerksamkeit von der Gesellschaft zu bekommen, und der Täter einfach verurteilt wird, ohne dass er mehr Aufmerksamkeit bekommt als das Opfer, an dem Tag sind wir vom Täterschutz endlich zum Opferschutz gekommen.
Na klar, ist es bei einem Verbrechen wichtig, das Motiv zu suchen, wie zum Beispiel bei Mord, aber bei sexuellem Kindesmissbrauch steht das Motiv immer fest! Es ist immer die sexuelle Befriedigung des Täters! Es macht mich als Überlebende einfach richtig wütend, dass wir lebenslänglich bekommen, da wir so vielfältige Folgen des Missbrauchs mit uns herumschleppen müssen. Das spiegelt mein Tattoo vom Schmetterling, der

an einen Stein gebunden ist, wider. Ich habe mich aus meiner Kindheit, dem Kokon, zwar herausgearbeitet und bin eine starke Frau geworden, aber meine Erlebnisse, Gefühle und Folgen dieser Kindheit werde ich nie ganz loswerden.
Der Schmetterling bleibt an diesen Stein gebunden, er kann ihn allerdings immer mehr in Bewegung setzen, weil er mit der Zeit gelernt hat, mit ihm zu leben.
Warum ist das so?
Weil alles, was wir in unsere Kindheit erlebt haben, so intensiv und zukunftsweisend ist, dass uns diese Jahre für immer prägen. Wir alle wissen ja, wie wichtig die Kindheit ist!
Wie wichtig Sicherheit, Geborgenheit, Schutz, Vertrauen, Verlässlichkeit, Ermutigung und Liebe für eine gesunde Entwicklung des Kindes sind.
Wenn ein Kind sexuell missbraucht wird, verliert es das alles!
Dann ist plötzlich nirgendwo mehr Sicherheit!
Dann ist plötzlich nirgendwo mehr Geborgenheit!
Dann ist plötzlich nirgendwo mehr Schutz!
Dann ist plötzlich nirgendwo mehr Vertrauen!
Dann ist plötzlich nirgendwo mehr Verlässlichkeit!
Dann ist plötzlich nirgendwo mehr Ermutigung!
Dann ist plötzlich nirgendwo mehr wahre Liebe!
Das alles zerstört der Täter bereits beim ersten Missbrauch! Das Kind fühlt sich allein und hilflos ausgeliefert.
Kindesmissbrauch zerstört die Seele des Kindes! Die unbeschwerte Kindheit endet abrupt und endgültig. Die Unbeschwertheit kehrt nie ganz zurück und wenn dann nur nach schneller Hilfe und therapeutischer Unterstützung.
Das ist der nächste Punkt! Die Täter zwingen uns sozusagen in die Therapie, weil sie durch ihren sexuellen Trieb unsere Seele so nachhaltig zerstören, dass die meisten ohne Therapie nicht in ein normales Leben zurückfinden. Wir müssen fast immer unser ganzes Leben an uns arbeiten, während sie nach kurzer Haftstrafe wieder in ihr altes Leben zurückkönnen. Dazu kommt, dass sie meistens unser gesamtes Umfeld systematisch manipuliert haben, sodass uns Opfern kein Glauben geschenkt wird.

Die Opfer haben sich nicht ausgesucht Opfer zu werden, aber die Täter haben sich selbst ausgesucht Täter zu werden!!!
Wir wurden ohne Vorwarnung aus unserer Kindheit gerissen!
Die Täter haben ihre Übergriffe lange geplant und sich schon bei der Planung daran aufgegeilt!
Wir konnten nicht entscheiden, ob wir von ihnen angefasst, begrabscht und vergewaltigt werden!
Die Täter hat niemand gezwungen all diese Dinge mit uns zu machen, das haben nur sie selbst entschieden!
Wir konnten nichts daran ändern, dass sie unsere Hilfeschreie, unser „nein" überhört haben.
Die Täter haben bewusst weitergemacht, auch wenn sie unsere Schreie gehört haben!
Wir konnten nicht wissen, was wir gegen ihre Drohungen und Erpressungen ausrichten könnten.
Die Täter haben uns bewusst in Angst versetzt!
Unsere Körper wurden kaputtgemacht von ihren aufgegeilten Körpern.
Sie geilten sich an unserer Angst und unseren kindlichen Körpern auf und entschieden aus freien Stücken, dass sie uns wehtun und verletzten wollen, um ihre Sexfantasien auszuleben!
Kein Kindesmissbrauch findet aus Versehen statt, sondern ist ausschließlich immer und wirklich immer vom Täter geplant!
Die Täter bauen ganz in Ruhe eine vertrauensvolle Beziehung zu den Kindern auf. Darum noch einmal!
Kein sexueller Kindesmissbrauch passiert aus Versehen!

Ich bin Überlebende von sexuellem Kindesmissbrauch und stolz darauf, mich in ein normales Leben zurückgekämpft zu haben. Aber das schaffen viele Opfer nicht! Viele Menschen sind verstummt und haben keine Worte mehr. Sie wollen vergessen und einfach nur glücklich sein, aber so einfach geht es nicht, denn die Folgen begleiten uns ein Leben lang.
Ein wichtiger Punkt ist bei mir die fehlende Selbstliebe! Die Liebe zum eigenen Körper!
Der Kopf weiß, dass ich vollkommen okay bin, aber ich spüre es nicht. Ähnlich wie bei einer Essstörung, wo Betroffene nicht

sehen, wie dünn sie sind, und sich auch im Spiegel immer als „dick“ betrachten, so sehe ich mich immer als nicht liebenswert. Jetzt hat es sich langsam verändert!
Als ich mir mein erstes Tattoo stechen ließ, fühlte ich plötzlich eine liebevolle Fürsorge für die tätowierte Stelle auf meiner Haut. Ich fand mich plötzlich schön!
Ich habe großes Glück, dass ich in Erik nicht nur den Tätowierer meines Vertrauens gefunden habe, sondern jemanden, der meine Geschichte versteht und richtig gut damit umgehen kann. Mittlerweile entwickeln wir gemeinsam meine Lebensgeschichte für meine Haut und meine Seele wird mit jedem Tattoo ein bisschen unbeschwerter. Erik entwickelt aus meinen Erzählungen, Vorstellungen und Beschreibungen meine wunderbaren Tattoos!

Ich habe die Liebe, meine Geschichte auf der Haut zu tragen, für mich entdeckt!
Sozusagen von der Seele auf die Haut!
Und so ein Stück von der Seele weg und näher an der Selbstliebe dran!

Die Autorin

Martha Bülow, in Hannover geboren, schildert in diesem aufwühlenden Buch die Geschichte einer verlorenen Kindheit aufgrund dramatischer Ereignisse. Sie selbst ist Mutter und mit Herz und Seele Erzieherin, die sich vor allem für Kinder, die besondere Aufmerksamkeit benötigen, und deren Eltern einsetzt. Ausgestattet mit einem großen Gerechtigkeitssinn gilt sie als gute Zuhörerin und Mutmacherin. Sie hat sich auch deswegen entschieden, ihre Geschichte zu schreiben, weil sie zeigen will, dass nicht alle schlimmen Erfahrungen das Ende des Weges bedeuten. „Tattoogeschichten" ist bereits ihre zweite Veröffentlichung.

In ihrer Freizeit entspannt sie am liebsten in der Natur oder trifft sich gern mit Freunden zum Diskutieren und Austausch.